김진경의
신화로 읽는 세상

생각하는 법을 바꿔야 한다

김진경의
신화로 읽는 세상

생각하는 법을 바꿔야 한다

자음과모음

차례

서문 ◦ 7

바람의 미학 I ◦ *19*
김소월의 시를 다시 읽는다

바람의 미학 II ◦ *51*
백석의 시를 다시 읽는다

**붉은 악마의
서사적 정체성** ◦ *91*
신세대와 신화

**간달프인 줄 알았더니
오르크였네?** ◦ *121*
신화는 어떻게 재해석되고 재창조되는가?

왜 옛날 야한 영화 제목에는 '뽕'이 많이 들어갈까? ∘ *153*
신화와 페미니즘

신들의 시장 ∘ *179*
인간은 경제적 동물인가?

사라진 신들의 연대기 ∘ *205*
우리는 어떻게
아파트라는 거주 기계에서 살게 되었나?

서문

생각하는 법을 바꿔야 한다

올 2월에 프랑스 아를에 들렀다가 에스파냐의 바르셀로나에 갔었다. 지중해에 인접한 아름다운 소도시 아를은 로마의 원형 경기장이 남아 있는 오래된 도시이다. 우울증에 빠진 고흐가 지중해의 햇볕에 몸과 마음을 말리러 내려와 잠시 머물던 곳이기도 하다. 『고양이 학교』를 낸 피키에 출판사가 아를에 있어 들른 터였다.

아를은 에스파냐와 가깝다. 그래서 그곳 2월은 피레네산맥을 넘어온 거친 바람 미스트랄이 부는 계절이기도 하다. 시도 때도 없이 부는 바람이 흙먼지를 날리며 작은 나뭇가지들을 부러트린다. 필리프 피키에 사장은 저 미스트랄이 불어오는 에스파냐의 바르셀로나로 가서 가우디의 파밀리아 성당을 보라고 권했다. 상상력이 통하는 바가 있어 도움이 될 거라고 했다. 나는 시간 여유도 좀 있는 터라 필리프 피키에 씨의 권유대로 에스파냐의 바르셀로나로 갔다.

지중해성 기후로 일년 내내 햇볕이 좋고 온화해서 그런지 바르셀로나는 세계 각지에서 온 관광객들로 늘 붐비는 휴양도시다. 그런데 그곳에 잠시 머물면서 보니 바르셀로나를 먹여 살리는 건 건축예술의 거장 가우디였다. 바르셀로나 관광 코스의 대부분은 가우디가 설계한 독특한 건물들을 보는 것이다. 가우디가 지은 건물들이 없다면 휴양만을 위해서 바르셀로나에 올 관광객은 그렇게 많지 않을 것 같았다. 나 역시 바르셀로나에 머무는 기간 내내 가우디의 건물을 보러 다녔다.

첫날 아침, 음악당 근처에 있는 호텔을 나와 가우디의 대표적 건물인 파밀리아 성당을 보러 갔다. 멀지 않은 거리라 걸어가는데, 동네의 작은 성당 건물이 발길을 멈추게 했다. 이 성당은 내가 알고 있는 상식을 단번에 뒤집어엎는 충격을 주었다. 당연히 뾰족한 교회의 첨탑이 있어야 할 자리에 거대한 알이 놓여 있는 것이다. 어, 이거 뭐야? 이것도 가우디가 지은 건물인가? 아닌 것 같은데? 이 동네 건축가들은 몽땅 가우디 같은 천재들인가? 나는 좀 어이가 없어 한참이나 작은 집채만 한 알을 올려다보았다. 작은 동네 성당에서 받은 충격은 파밀리아 성당에서도 이어졌다. 첨탑의 날카로운 끝이 있어야 할 자리에 옥수수 과일 같은 것들이 얹혀 있어서였다. 히히, 이거 재미있네. 나는 100년 넘게 짓고 있는 중이라는 거대한 파밀리아 성당을 빙 돌아가며 둘러보았다.

인간에게 영원히 극복할 수 없는 벽이 있다면 그것은 다름 아닌 죽음일 것이다. 이 세상의 누구도 죽음을 피해 갈 수는 없다. 그렇기 때문에 어떤 문화든 그것이 인간의 문화인 한 그 근저에 죽음에 대한 공포를 완화하는 장치를 가지고 있기 마련이다. 동양권의 윤회설, 영원 회귀설 같은 것들도 그런 것이다. 자연이 봄 여름 가을 겨울 다시 봄으로 순환하듯이, 사람도 태어나 성장하고 늙고 죽고 다시 태어나기를 반복한다는 것이다. 이렇게 태어나고 죽고 태어나기를 끝없이 반복하는 것이라면 시간의 의미는 무화되고 죽음이란 것도 별게 아닌 게 된다.

서양의 기독교적 사유는 윤회설과는 정반대로 시간의 의미를 극대화하는 방식으로 죽음에 대한 공포를 완화한다. 기독교에서 말하는 인간의 원죄는 인간이 육체를 가지고 태어나는 것 자체를 말한다. 인간이 순수한 질료인 영혼만을 가지고 태어난다면 신으로부터 거리가 없는데, 불완전한 질료인 육체를 가지고 태어나기 때문에 태어나면서부터 신으로부터 거리가 있다는 것이다. 이것이 원죄이다. 기독교의 시간은 바로 이 불완전한 질료인 육체가 소멸해가는 기간이다. 불완전한 질료인 육체는 인간이 살아가는 동안 점점 쇠퇴 소멸의 과정을 거친다. 그리하여 죽음의 순간에 인간은 순수한 질료인 영혼만이 남아 신에게로 초월해 간다. 이렇게 보면 죽음이란 건 두려워해야 할 게 아니라 기뻐해야 하는 것이다. 원죄로부터 벗어나 구원받는 것이니까.

이와 같은 기독교적 사유를 가장 잘 표현하고 있는 건축양식이 있다면 그것은 날카롭게 하늘을 향해 솟은 첨탑들로 이루어진 고딕 양식의 성당 건물일 것이다. 하늘을 향해 뾰족하게 솟은 첨탑만큼 죽음의 순간에 이루어지는 신을 향한 초월을 잘 나타내주는 것이 어디 있겠는가? 나는 성당 건물이라고 해서 당연히 뾰족하게 솟은 첨탑들을 상상했는데 거대한 알, 옥수수, 과일들이라니? 언뜻 보면 무슨 풍자나 익살 같기도 하다.

그렇게도 볼 수 있는 것이 윤회설, 영원 회귀설은 인간 역시 자연의 일부로서 자연의 질서에 속한다고 보는 자연친화적 사유이기 때문이다. 반면 서양의 기독교적 사유는, 인간은 신적 속성인 영혼을 가졌기 때문에 자연에 대해 절대적으로 우월한 존재라고 본다. 인간 속의 자연이라고 할 수 있는 육체를 신으로부터 거리가 먼 불완전한 질료로 보고 영혼을 신적 속성으로 보는 것이 바로 그러하다. 이러한 기독교적 사유는 인간의 이성을 절대시하고 자연을 마음대로 조작할 수 있는 대상으로 보는 근대적 사유의 기반

이 되었다. 이성을 절대시하고 자연을 마음대로 조작할 수 있는 대상으로 본 근대적 사유가 유대인 학살, 1차와 2차 세계대전, 환경 파괴, 자원 고갈 등을 야기했음은 잘 알려진 사실이다. 그렇다면 바늘처럼 하늘을 찌르는 첨탑의 끝이 있어야 할 자리에 둥글둥글한 알, 옥수수, 과일을 놓은 것을 반자연적이고 비인간적인 근대적 사유, 기독교적 사유에 대한 풍자나 익살로 볼 수도 있는 것 아니겠는가?

하지만 파밀리아 성당이 주는 느낌은 압도적인 성스러움으로 풍자나 익살과는 무관해 보였다. 성당을 설계한 가우디의 독실한 신앙심이 건물의 곳곳에서 느껴진다고나 할까? 파밀리아 성당은 고딕 양식의 성당을 유라시아 대륙의 유목민들 신화에 등장하는 '조상들의 산=우주 산'의 모양으로 재해석해놓은 듯한 모습이었다. 유라시아 유목민들은 사람이 죽으면 우주의 중심에 있는 조상들의 산으로 돌아가 조상들과 지내다가 다시 태어나고 다시 돌아가기를 반복한다는 영원 회귀 사상을 가지고 있었다. 이 조상들의 산 꼭대기에는 우주 나무가 자라고 있어 우주 산과 우주 나무가 하늘과 땅을 잇는 하늘 사다리 역할을 한다. 우리의 단군신화도 이러한 영원 회귀 사상을 전형적으로 담고 있다. 단군신화에 나오는 태백산과 신단수가 바로 조상들의 산과 우주 나무이고, 이 우주 산과 우주 나무를 사다리 삼아 환웅이 하늘로부터 내려온다. 환웅의 아들인 단군은 나라를 다스리다 산으로 들어가 산신이 되는데, 산신이 되었다는 것은 조상신이 되어 조상들의 산으로 영원 회귀했다는 뜻이다.

파밀리아 성당의 뒷면은 특히 조상들의 산, 우주 산의 이미지를 강하게 풍긴다. 중앙 첨탑의 중심부에 거대한 나무 모양이 조각되어 있고, 그 나무 아래 흰옷을 입은 사람들이 있는데 마리아와 예수를 중심으로 이루어진 성가족인 듯하다. 거대한 나무 주위에는 새들이 날아다니고 자세히 보면 도마뱀을 비롯한 온갖 동물과 열대성으로 보이는 식물들의 모양이 보이기도 한다. 영락없는 조상들의 산 이미지이다. 중앙 첨탑 전체가 우주 산이고 우주 산에 거대한 우주 나무가 자리 잡고 있다. 우주 나무 아래는 성가족으로 표현된 조상들이 살고 있다. 조상들의 산, 우주 산은 모든 생명이 영원 회귀하는 생명의 근원이다. 온갖 생명을 가진 것들이 우주 산과 우주 나무를 가득 채우고 있다. 가우디는 어떻게 이런 조상들의 산, 우주 산과 유사한 발상을 하게 된 걸까? 당시 에스파냐의 식민지였던 남아메리카 문화의 영향이었을까?

기독교도 거슬러 올라가 그 기원을 보면 다른 종교들과 별로 다르지 않다. 기독교 신화들 역시 마찬가지다. 그렇다면 기독교적 상상력의 기원을 찾아 거슬러 올라가다 보면 반자연적이고 비인간적인 뾰족한 첨탑이 생명으로 넘치는 우주 산과 우주 나무로 바뀌는 지점이 나오지 않을까?

가우디는 그 지점에서 기독교적 고딕 양식을 재해석하여 반자연적이고 비인간적인 예리한 모습 대신 생명의 이미지를 가득 채워 넣은 게 아닐까? 그 과정에서 생명력으로 넘치는 남아메리카의 자연과 문화가 영향을 미쳤을 가능성은 충분히 있다.

    책의 서문에 어울리지 않게 가우디의 파밀리아 성당에 대해 장황하게 이야기했는데, 여기서 내가 정작 말하고 싶은 것은 가우디 건축 자체에 대한 것은 아니다. 가우디를 통해 내가 말하고 싶은 것은 언제나 근본적인 생각이나 상상력의 전환은 그 문화의 가장 깊은 바탕을 이루고 있는 신화적 틀에 대한 재해석에서 출발한다는 점이다. 그리고 우리의 경우는 전혀 그렇지 못한데 그건 일시적인 비정상적 상태이고, 이제 그 비정상 상태를 벗어나기 위해 생각하는 법을 바꾸어야 함을 말하고 싶은 것이다.

    우리가 암암리에 가지고 있는 우리 신화에 대한 생각은 '우리 신화는 현실과는 무관한 케케묵은 것이다' 정도일 것이다. 이러한 생각은 과연 타당한 것일까? 물론 타당하지 않다. 타당하지 않다면 왜 우리는 그런 생각을 하게 된 걸까?

    개화기 이래 우리 사회가 서구 모델 따라가기의 근대화를 추구해왔고, 박정희 정권의 경제 근대화에서 더욱 가속도가 붙었음은 다 아는 사실이다. 이 서구 모델 따라가기 근대화 모델에서는 생각이나 지식은 서구에서 생산하는 것이지 우리가 생산하는 것이 아니다. 우리는 서구에서 생산된 지식을 빨리빨리 받아들여 될 수 있으면 짧은 시간에 많은 내용을 암기하면 된다. 그래야 서구를 빠른 시일 안에 따라잡을 수 있으니까. 생각이나 상상력의 전환을 고민할 필요도 없다. 그것도 서구에서 앞서서 다 하니까 빨리빨리 받아들이기만 하면 된다. 스스로 생각과 상상력의 전환을 고민하는 것은 오히려 서구 모델 따라잡기를 방해하는 쓸데없는 사치이다. 더구나 그 전환을 위해 우리 사고의 근저를 이루고 있는 신화적 사유의 틀을 변화하는 현실과 관련하여 재해석해보는 일 따위는 시대착오적인 철없는 짓으로 간주된다. 이러한 세월이 100년 이상 흘렀다면 '우리 신화는 현실과는 무관한 케케묵은 것'이라고 생각하지 않는 게 오히려 이상하지 않겠는가?

그런데 문제는 우리 사회가 언제까지나 서구 모델 따라가기에 머물러 있을 수가 없다는 점이다. 실제로 1990년대 들어서면서 우리 사회는 이미 모델 없는 성장의 단계로 접어들고 있었다.

1990년대 초는 나에게는 질적으로 변화한 아이들이 변하지 않는 학교 시스템과 부딪치면서 왕따, 일진 같은 학교 폭력 문제가 처음 제기되고 교실 붕괴가 신문 지상에 처음 떠돌던 시기로 기억되어 있다. 나는 이러한 아이들의 문제를 서구 모델 따라가기의 획일적 시스템을 넘어서고자 하는 변화의 징후로 받아들였었다. 나는 아이들의 의식구조가 어떻게 변화한 건지, 그러한 의식구조의 변화가 왜 아이들로 하여금 학교 시스템과 부딪치게 만드는지를 살펴보다가, 우리 신화를 포함한 동북아시아 신화를 혼자서 공부하기 시작했다. 의식구조가 변화한 아이들이 우리 세대보다는 훨씬 더 신화적 상상력을 친근하게 여길 것 같은데 그 신화적 상상력이라는 건 도대체 뭔가 궁금해서였다. 그렇게 10년 가까이 혼자서 신화를 공부하다가 2000년 무렵부터 판타지 동화 『고양이 학교』를 썼다. 생각하는 법과 상상력의 근본적 전환이 필요한데 그걸 보여주는 데 판타지 동화만큼 적절한 장르가 따로 없을 것 같아서였다.

나는 바르셀로나에 있는 동안 매일 한 번씩 가우디의 파밀리아 성당에 들렀다. 필리프 피키에 사장이 왜 가우디의 파밀리아 성당을 보면 도움이 될 거라고 했는지, 어떤 상상력이 비슷하다는 건지 몹시 궁금해서였다. 그렇게 며칠을 보다 보니 문득 가우디의 파밀리아 성당이 『고양이 학교』가 던지고 있는 물음에 대한 대답일지도 모른다는 생각이 들었다. 『고양이 학교』는 조상들의 산으로의 영원 회귀라는 우리 신화를 바탕에 깔고 서구의 근대 문명에 대해 비판적 질문을 던지는 골격으로 되어 있다. 자연친화적인 우리 신화의 세계관을 바탕으로 해서, 인간의 이성을 신적인 것으로 절대시하여 자연을 마음대로 조작할 수 있는 대상으로 보는 서구의 근대적 사유에 대해 비판적 질문을 던졌다고나 할까? 그렇다면 (내가 보기에) '조상들의 산 = 우주 산'으로 기독교의 고딕 건축양식을 재해석한 파밀리아 성당은 그 질문에 대한 대답이라고 할 수 있지 않을까?

한 문명이 독자적인 한 문명이기 위해서는 자기 성찰과 자기 인식이 있어야 한다. 그것이 있어야 문명 간의 대화와 교섭이 가능해지고 그래야 비로소 독자적인 한 문명으로 인정받을 수 있는 것이다. 서구 모델 따라가기에서 모델 없는 창조적 성장의 길로 나가는 것은 단순히 경제만의 문제가 아니다. 모델 없는 성장은 정치 외교 경제 사회 문화 전반의 근본적 성찰과 변화를 요구한다. 그것은 어쩌면 독자적 문명의 이름을 달 수 없었던 한 나라나 지역이 독자적 문명으로 서는 과정일 수도 있다. 그렇기 때문에 생각하는 법과 상상력을 근본적으로 바꾸어야 한다. 이것이 1990년대 이래 내가 가지고 온 문제의식이다. 여기에 모아진 글들은 그 문제의식의 부산물들이다.

나는 신화 자체에 대한 전문가는 아니다. 신화 자체에 대해서는 그 분야의 연구자들이 훨씬 더 깊이 있는 정보들을 많이 가지고 있을 것이다. 내가 전문성을 가지고 있다면 그것은 그 신화적 사유들이 현재 우리의 삶에 어떤 영향을 미치고 있으며, 그 신화적 사유에 대한 재평가와 재해석이 우리의 삶에 어떤 변화를 가져올 수 있는가 하는 것이다.

　더 솔직히 말하자면 나는 여기 모아진 글들의 구체적 내용의 전달에 관심이 있다기보다는 우리 신화를 가지고 그렇게 현실을 사고하는 방식의 전달에 관심이 있다. 이제까지 그런 식으로 생각하지 않아 왔지만 그런 식으로 생각하는 것이 가능하고 생각하는 법을 바꾸어야 한다고 말하고 싶은 것이다. 더 나아가 우리 신화를 현실과 연결하여 생각하는 것은 하나의 사례를 보인 것뿐이고, 전반적으로 생각하는 법을 바꿀 수 있고 생각하는 법을 바꾸어야 한다고 말하고 싶은 것이다. 생각하는 법을 바꿔야 한다.

2012. 5. 30.
김진경.

**바람의
미학** I

―

김소월의 시를
다시
읽는다

한국의 미는 곡선의 미일까?

I

1980년대 필화 사건으로 서대문 구치소에 갇혀 있을 때의 일이다. 일제강점기 때 지은 감방의 다다미도 없는 마룻바닥에 앉아 있노라면 몹시 춥다. 그래서 겨울엔 솜을 두툼하게 둔 간편 한복을 차입해 입는다.

이 겨울 한복을 대개 옥창 밖으로 보이는 뒷산에 진달래꽃이 지고 복숭아꽃이 피는 4월 말까지는 입는다. 봄에는 내복까지 입고 겨울 한복을 입으면 더우니까 대개 러닝, 팬티만 입고 그 위에 겨울 한복을 입는다. 그러면 봄바람이 소매 끝의 열린 틈으로 들어와 생선의 배처럼 불룩한 팔 부분에서 체온과 뒤섞여 휘돌며 곰실거리는데 그 느낌이 참 대단하다. 어느 봄날 옷 속으로 들어와 체온과 뒤섞이는 봄바람을 음미하며 창밖 산에 흐드러지게 핀 진달래를 바라보다가 문득 참 한가한 질문이 머릿속에 떠올랐다.

'한국의 미는 과연 곡선의 미일까?'

고등학교 때 교과서에 한국의 미는 곡선의 미 운운하는 수필이 있었다. 멋들어지게 적당히 구부러진 기와집의 추녀, 한복의 맵시 등을 예로 들었던 것 같다. 고등학교 때 그 글을 배울 때는 제법 그럴듯하게 여겼는데 한복을 입고 생활하다 보니 아무래도 그게 아닌 것 같았다. 밖에서 바라보는 사람의 입장에서는 한복의 곡선이 아름다워 보일 수도 있다. 그러나 한복을 입고 생활하는 사람의 입장에서는 한복의 곡선을 제대로 볼 수조차 없다.

한복을 입고 생활하는 사람의 입장에서 한복의 아름다움은 바람의 아름다움이다. 한복은 바람 주머니로 되어 있는 옷이다. 저고리의 팔 부분이며 불룩한 바지, 양장처럼 짧거나 밑이 퍼지지 않고 오므라드는 한복의 치마가 그렇다. 한복의 보온 방식은 바람을 차단해서 보온하는 방식이 아니다. 저고리 소매는 바람이 들어올 수 있도록 조금 열려 있다. 조금씩 들어오는 바람은 체온과 섞여 따뜻해지고, 따뜻해진 바람은 불룩한 바람 주머니에서 곰실거리면서 뒤에 들어오는 바람과 끊임없이 섞이며 체온과의 온도 차를 줄인다. 그럴 때 따뜻해진 바람의 잔 가닥들과 덜 데워져 찬 느낌을 주는 바람의 잔 가닥들이 뒤섞이며 살갗에 닿는 느낌이 참 대단하다. 한복의 곡선은 바람 주머니 옷을 만들다 보니 결과적으로 나타난 것일 뿐이다.

그런데 곰곰이 생각해보면 한복만이 아니다. 음식 문화도 그렇다. 한국의 음식 문화는 발효가 특징이다. 발효에는 바람이 결정적이다. 조기는 영광 법성포의 바람 속에서 말려야 맛있는 굴비가 되고, 홍어는 나주 영산포의 바람 속에서 삭혀야 제맛이 나고, 과메기는 영일만 바닷가의 겨울 바람 속에서 얼었다 녹았다를 반복하며 말려야 제맛이 난다. 김치, 간장, 된장, 고추장, 젓갈 들이 제맛을 내려면 각자에 맞는 적절한 바람을 만나야 한다. 한옥도 마찬가지다. 한옥은 바람을 완전히 차단해서 보온하는 집이 아니다. 한옥은 숨을 쉬는 집이다. 흙벽은 바람을 다 막지 않고 조금씩 드나들게 한다. 창호지 문도 마찬가지다. 창호지 문은 바람을 완전히 막는 문이 아니다. 바람을 부분적으로 통과시킨다. 그래서 겨울에는 문풍지를 달아 통과하는 바람의 양을 줄인다.

특히 창호지 문을 생각하면 한국의 미를 '곡선의 미'처럼 시각적으로 파악하는 것 자체가 부당하다는 느낌마저 든다. 창호지 문을 달고 사는 집에서는 마당에 있는 사람이 누구인지 시각으로 판단하지 않는다. 가족이나 가까운 사람들은 문을 열지 않고도 오감을 작동시켜 누구인지 느낌으로 안다. 한국의 전통문화는 시각 우위의 문화가 아니다. 한국의 전통문화는 오감을 다 동원하는 직관의 문화이다. 이에 반해 서양의 문화는 시각 우위의 문화이다. 한국의 산수화와 서양의 풍경화를 비교해보면 이러한 점을 금방 알 수 있다.

서양의 사실적인 풍경화는 원근법이 두드러진다. 풍경을 바라보는 사람의 눈 위치로부터 가까운 것은 크고 뚜렷하게, 먼 것은 작고 희미하게 그린다. 이것은 이성 중심 세계관의 표현이다. 서구 근대 기독교 문명에서는 인간의 정신 즉 이성은 신적 속성으로, 육체는 동물적 속성으로 보았다. 따라서 이성의 창인 눈은 다른 감각기관과 비교할 수 없는 우월성을 가진다고 생각했다.

우리 산수화에는 원근법이 없다. 산봉우리들이 겹겹이 떠 있는데 그 밑은 구름과 안개에 가려져 있어 어떤 게 멀리 있는 산이고 어떤 게 가까이 있는 산인지 명확하지 않다. 그림의 밑쪽 구석에는 너럭바위가 조그맣게 그려져 있고 그 위에 사람이 점처럼 아주 작게 그려져 있다. 그 바위 위에 점처럼 그려진 사람이 지금 산수를 바라보는 사람이다. 산수화는 자연을 대상화하여 눈으로 보고 그린 그림이 아니다. 산수화는 자연으로 들어가 그 자연의 일부로서 오감을 작동시켜 느낀 바를 직관적으로 표현한 그림이다.

서구인이 한국에 잠시 머물면서 느낀 바를 '한국의 미는 곡선의 미'라고 말한다면 '뭐 그렇게 볼 수도 있겠지'

하고 받아들일 수도 있을 것이다. 서구인은 워낙 시각 우위의 문화에 익숙한 사람들이고, 또 잠시 머물면서 밖으로 드러나는 것 이상을 파악하기는 어려울 테니까. 하지만 한국 학자가 '한국의 미는 곡선의 미'라고 말하는 건 참 받아들이기 어렵다. 그것은 시각 문화에 익숙한 서구인이 피상적으로 바라본 한국 문화의 모습을 우리의 본질로 받아들이도록 강요하는 거니까.

중국과 비교해보아도 한국의 미를 '곡선의 미'라고 규정하는 것은 무리가 있다. 중국은 농경이 상대적으로 일찍 시작되어서 그런지 용을 자기의 상징으로 삼고 있다. 용은 그 유래가 어떠하든 후대의 모습에서 구름의 형상을 품고 있다. 구름의 형상은 무한히 피어나는 곡선이다. 중국 어디에 가나 이 현란한 곡선을 만난다. 이쯤 되면 곡선의 미는 중국의 미라고 해야 하는 게 아닌가? 혹자는 중국의 현란한 곡선에 비해 한국의 곡선은 완만하고, 부드럽고, 우아하다고 강변할지도 모르겠다. 하지만 그건 너무 옹색한 주장이다. 그런 정도라면 동양권 문화의 일반적 모습이지 굳이 한국을 특징짓는 것이라고 말할 수 있겠는가?

바람의 신화

I

홍이 나서 활력이 저절로 넘칠 때 우리는 "신난다", "신명 난다", "신바람 난다"라고 한다. '신난다'는 '신명 난다', '신바람 난다'의 줄임말이다. '신명 난다'든 '신바람 난다'든 샤먼에게 신이 내린 상태를 뜻하는 말에서 유래한 점은 같다. 샤먼들은 신이 내리면 평소와는 다른 활력과 능력을 보여준다. 홍이 나서 활력이 저절로 넘치는 상태가 되는 것이다.

그런데 '신명 난다'와 '신바람 난다'는 그 유래에서 조금 다른 측면이 있다. '신명神明 난다'는 신의 밝음이 난다는 뜻이니 신이 내려 신의 밝은 눈으로 본다는 뜻이다. 이 말은 태양신 숭배에서 유래한 말이다. 고대 신화에는 거인이 죽어 몸은 땅이 되고 두 눈은 해와 달이 되었다는 이야기들이 많다. 해는 하늘의 눈이다. 하늘의 눈인 해가 만물에 밝고 따뜻한 빛을 보내야 목숨 있는 것들이 자라고 풍요가 찾아온다. 신명은 그 태양의 밝은 빛을 뜻한다.

유교儒敎의 유儒는 태양신에게 제사 지내는 제사장의 직책 이름에서 유래한 말이고, 공자의 집안은 대대로 태양신을 모시는 제사장을 지냈다고 한다. 유교는 태양신 숭배에서 유래한 종교이다. 유교에서 중요시하는 덕德은 고대에는 신명과 같은 뜻의 말이었다. 덕은 옛날에는 다음과 같이 썼다.

神

눈 위에 뭔가를 붙인 모양이다. 눈 위에 장식을 붙인 샤먼이 신이 내려 신의 밝은 눈으로 본다는 뜻이다. 샤먼에게 내린 신은 '조상신=태양신'이다. '조상신=태양신'이 밝은 눈으로 보면 풍요가 찾아오고 종족이 번성한다. 태양신 숭배는 농경민의 종교이다. 태양의 빛이 농작물의 성장에 절대적 영향을 미치니까.

'신바람 난다.' 샤먼에게 신이 내려 흥이 나고 저절로 활력이 넘치는데, 그 샤먼에게 내린 신은 '조상신=태양신'이 아니라 '조상신=새(바람)의 신'이다. 새의 신은 유목민의 신화에 많이 나온다. 북방 초원의 기후는 변화무쌍하다. 유목 종족들은 바람에서 먼 앞쪽의 기후와 다른 동물이나 종족의 이동을 읽어야 했을 것이다. 그래서 유목 종족들의 신 중에는 새의 신이 많다. 새의 신은 곧 바람의 신이다. 고대에는 바람 풍風과 봉새 봉鳳 자가 같은 글자였던 사실만 보아도 이를 알 수 있다.

꼬리가 화려한 새의 모양으로 바람을 나타내기도 하

고 바람의 신인 봉새를 나타내기도 했다. 봉새는 후대로 오면서 공작새 모양으로 굳어졌지만 고대에는 여러 종류였다. 북방의 유목 종족들은 백조, 오리, 매 등을 바람의 신 봉으로 여겼고, 실크로드를 가로질러 티베트를 거쳐 중국의 남부로 들어간 유목 종족들은 공작새를 바람의 신 봉으로 여겼다. 또 농경을 시작하면서는 닭을 봉으로 여기기도 했다.

중국은 농경이 일찍 시작되었기 때문에 태양신 숭배에서 유래한 유교 사상이 주류를 이루었다. 도교는 그 경직되어가는 주류 사상 유교에 대한 거부의 성격을 갖는다. 도교는 주류인 유교 사상이 오랑캐로 배척한 유목 종족들의 신화를 받아들여 사상적으로 체계화하였다. 그래서 태양신 숭배에서 유래한 유교가 유일신교 성격이 강하다면 도교는 다신교이고 새의 신이 중요하게 등장한다.

세계에서 바람을 가장 웅장하고 아름답게 표현한 글을 하나 들라면 나는 서슴없이 『장자莊子』의 「소요유逍遙遊」 편을 들겠다.

> 북해에는 곤鯤이라는 물고기가 사는데 그 등이 몇천 리인지 알 수 없다. 곤이 파도를 일으키며 놀다가 한 번 몸을 뒤집으면 거대한 새가 되어 구만 리(약 3만 5370 km) 하늘 높이로 날아오르는데 그 날개가 몇천 리가 되는지 알 수 없다. 이 새가 곧 붕鵬이다. 붕은 6개월을 날

아간 뒤에야 남쪽 바다에서 쉰다.

　―『장자』,「소요유」

　　곤이라는 물고기는 북쪽 바다에 머물러 있는 바람이다. 이 바람이 파도를 일으키는 모양이 꼭 거대한 물고기가 노는 것 같다. 겨울이 가까워지면 이 바람은 하늘 높이 솟아올라 남쪽 바다를 향해 불어 가는데 이 북풍이 바로 날개가 몇천 리인지 알 수 없는 거대한 새 붕이다. 붕은 남쪽 바다에 머물며 놀다가 다시 하늘 높이 솟아올라 북쪽을 향해 불어 가는데 이 남풍이 바로 붕인 것이다. 그러니까 붕은 봉의 일종이다.

　　봉은 바람의 신이자 음악의 신이며 춤의 신이다. 신화에서 동양의 음계는 봉이 우는 소리에 맞추어 만들었다고 되어 있고, 『시경詩經』에서 풍은 노래란 뜻으로도 쓰인다. 그러니까 봉은 곧 동양의 뮤즈이다. 또 음악에는 춤이 따르게 마련이어서 봉은 신화 속에서 늘 여러 마리가 춤을 추는 모습으로 나타난다. 고래로 우리 민족을 노래와 춤을 즐기는 민족이라고 하는데 이는 우리 민족이 바로 봉의 족속, 즉 바람의 족속이라는 걸 뜻하는 것이다. '신바람 난다'란 말은 바로 이 바람의 신, 봉이 내려 흥이 나고 저절로 활력이 넘치는 상태에서 유래한 말이다.

　　조지훈의 시 중 「봉황음鳳凰吟」이란 게 있다. 경복궁에 있는 왕의 의자를 보고 중국은 황제의 상징으로 용을 새겨 놓는데 우리는 스스로 낮추어 왕의 상징으로 봉황을 새겨 놓았다고 한탄하는 내용이다. 그런데 이렇게 한탄하는 것 자체가 중화주의 함정에서 벗어나지 못한 소치가 아닐까? 그 유래를 살펴보면 구름의 형상을 품은 용은 농경이 일찍 시작된 중국 문화의 특징을 나타낸 것이고, 바람의 형상인 봉은 심층에 유목적 요소가 많이 남아 있는 우리 문화의 특징을 나타낸 것일 뿐이다. 문화의 차이이지 우열이 있을 수 없다.

바람의 언어

I

우리 민족의 봉의 원형은 좀 뜻밖으로 여겨지겠지만 북방계의 백조이다. 바이칼 호 부근에 사는 코리족의 시조 신화는 우리의 '나무꾼과 선녀' 전설과 매우 유사하다. 호수 근처에 사는 사냥꾼이 목욕하러 호수에 내려온 백조 여인의 날개옷을 숨겨 결혼했는데 거기서 태어난 아이들이 코리족의 시조가 되었다는 것이다. 코리족의 시조 신화는 '나무꾼과 선녀' 전설의 원형이라 할 수 있다.

한 학설에 의하면 옛날 코리족에서 갈라져 나온 씨족이 동남쪽으로 여러 차례 이동해 으는데 그 씨족의 지도자를

'코릴다이 메르겡'이라고 했다. 코리족의 활 잘 쏘는 사람, 즉 코리족의 주몽이라는 뜻이다. 이 코리족의 주몽들이 세운 나라가 부여, 고구려라고 한다. 중국의 역사서에는 고구려가 흔히 '고리'로 기록되어 있는데 코리의 음역이라 할 수 있으며, 이 코리에서 고구려, 고려, 코리아가 왔다는 것이다.

이 학설에 따르면 '백조 여인' 신화는 코리족을 따라 들어와 변화되는 사람들의 삶에 맞추어 '나무꾼과 선녀' 이야기로 변형된 것이다. 유목의 바람 역시 '백조 여인' 신화처럼 한반도에 정착하여 농경 생활을 하는 동안 그 생활에 맞추어 변형되었을 것이다. 그 변형된 바람의 모습을 가장 잘 담은 것이 김소월의 시들이다.

비가 온다
오누나
오는 비는
올지라도 한 닷새 왔으면 좋지.

여드레 스무날엔
온다고 하고
초하루 삭망朔望이면 간다고 했지.
가도 가도 왕십리往十里 비가 오네.

웬걸, 저 새야
울랴거던
왕십리 건너가서 울어나 다고,
비 맞아 나른해서 벌새가 운다.

천안天安에 삼거리 실버들도
축축이 젖어서 늘어졌다네.
비가 와도 한 닷새 왔으면 좋지.
구름도 산마루에 걸려서 운다.
— 김소월, 「왕십리」 전문

비가 올 듯 흐린 날 「왕십리」 전문을 웅얼웅얼 반복해서 암송하다 보면 정말 비가 추적추적 내리고 습기 먹은 심란한 바람이 발목을 스치며 '휘―' 돌아나가는 느낌을 준다. 어떻게 그런 느낌이 만들어지는 걸까?

우선 첫 연의 어미변화에 주목할 필요가 있다. 오다는 '온다/오누나/오는/올지라도, 왔으면'으로 미묘한 어미변화를 하며 반복되고 있다. 이 어미변화와 반복이 행갈이와 맞물리며 무슨 주문처럼 추적추적 비가 오는 느낌을 만들어낸다.

그런데 첫 연 마지막 행의 '왔으면'은 내리는 비의 수직 방향 운동을 나타내면서도 또 다른 방향의 움직임을 암시하고 있다. 추적추적 내리는 비가 한 닷새 왔으면 좋다고 하는데 여기에는 비가 아닌 다른 무언가가 와서 오래 있었으면 하는 소망도 들어 있다. 그 무언가는 2연의 "여드레 스무날엔/온다고 하고/초하루 삭망이면 간다고 했지"로 볼 때 사랑하는 사람이다. 사랑하는 사람이 잠시 온다고 하고 그리고 아쉽게도 금방 간다고 하는데 내리는 비가 오래오래 내려 그 님을 오래오래 붙들어줬으면 좋겠다는 것이다. 따라서 첫 연의 마지막 행 "왔으면"은 '비가 왔으면'이면서 '님이 왔으면'이기도 하다. "왔으면"은 수평 방향에서 오는 님을 수직 방향으로 내리는 비로 묶어두는 거멀못이다. 이 시의 화자는 그 거멀못의 자리에서 하염없이 내리는 왕십리 벌판의 비를 바라보고 있다.

그런데 여기서 주의해야 할 것은 님은 실제로 온 게 아니라 화자가 막연한 약속이나 소식을 근거로 잠시 왔다 갈 거라고 예상하는 것뿐이라는 점이다. 그러니까 이 시에서 님이 오고 가는 것은 화자의 심리적 움직임일 뿐이다. 이 수평 방향의 심리적 움직임이 빗속에 거멀못처럼 서 있는 화자의 발목을 스치며 휘-돌아나가는 습기 먹은 바람이 된다. 이 스산한 바람은 화자의 마음속에 이는 심리적 바람이면서 동시에 실제로 화자의 발목을 스치고 가는 습기 먹은 바람이기도 하다.

이 시에서 휘-돌아나가는 습기 먹은 바람을 만들어

내는 건 미묘한 어미변화를 하며 반복되는 동사들이다. '온다/오누나/오는/올지라도'가 추적추적 내리는 비를 만들어낸다면 '왔으면'은 수직 방향으로 내리는 비와 수평 방향의 움직임을 결합시키며 바람을 일으킨다. 이 바람은 2연의 '온다고/간다고'로 휘− 돌아 비 오는 왕십리 벌판으로 사라진다. 이 시를 보면 우리말이 미묘한 바람의 움직임을 표현하는 데 참 뛰어나다는 생각이 든다. 그 표현력의 대부분이 이 시의 경우는 동사의 어미변화에서 온다.

> 그립다
> 말을 할까
> 하니 그리워
>
> 그냥 갈까
> 그래도
> 다시 더 한 번……
>
> 저 산山에도 가마귀, 들에 가마귀,
> 서산西山에는 해 진다고
> 지저귑니다.
>
> 앞 강물, 뒷강물,

흐르는 물은
어서 따라오라고 따라가자고
흘러도 연달아 흐릅디다려.
— 김소월, 「가는 길」 전문

이 시의 화자는 지금 사랑하는 님과 헤어져 막 길을 떠나는 중이다. 그때 마음속에 일어나는 망설임, 마음속에 이는 미묘한 바람을 이 시는 참 잘 드러내고 있다. 1연에서는 '그립다'가 '말을 할까/하니'에 의해 '그리워'로 바뀌는 과정에서 미묘한 심리적 바람이 일어난다. 역시 동사의 미묘한 어미변화와 반복이 그러한 표현력을 만들어내고 있다.

2연에서는 '갈까'의 앞뒤에 포위하듯이 배열된 '그냥/그래도/다시 더' 같은 부사어들이 미묘한 심리적 바람을 일으키고 있다.

이 시에서 1, 2연의 망설임과 미련, 마음속에 이는 미묘한 바람은 3, 4연의 자연의 흐름과 대비되고 있다. 흐르는 강물은 빨리 따라가자고 연달아 흐르고, 서산에 해 진다고 까마귀는 시간을 재촉한다. 사실은 강물이나 까마귀가 그렇게 재촉하는 게 아니라 화자가 그렇게 느끼는 것이다. 화자는 떠나갈 수밖에 없다는 걸 너무도 잘 알고 있다. 그럼에도 불구하고 마음속에 이는 미묘한 바람이 발길을 붙들고 망설이게 한다.

이 시를 읽노라면 '바람이 혜살 짓는다'란 말이 떠오른다. 혜살은 심술궂게 훼방을 놓는 것이다. 햇볕 따뜻한 봄날 바람이 한 방향으로 불어 가다가 문득 여기저기에 강여울의 물맴이처럼 작은 회오리 같은 걸 일으킨다. 어린 시절 그걸 '바람이 혜살 짓는다'고 했었다. 1, 2연이 일으키는 마음속의 바람은 큰바람 속에 강여울의 물맴이처럼 이는 작은 회오리 같다.

언젠가 백제 기와나 전돌, 그리고 고구려 고분벽화에 그려진 회오리 모양의 와선들을 보며 '바람이 혜살 짓는다'라는 말을 떠올렸었다. 그 와선들이 불어 가는 봄바람 속에 심술궂게 훼방 놓는 것처럼 만들어지는 작은 회오리처럼 보였다. 그래서 회오리 모양의 와선을 바람을 그려놓은 거로 생각했다. 그런데 거의 모든 학자가 이 회오리 모양의 와선을 구름을 그린 거라고 해서 그런가 했었다. 그러던 차에 우연히 티베트, 중국, 몽골, 시베리아 일대에 대한 어떤 학자의 여행기를 읽게 되었는데, 그 학자는 이 회오리 모양의 와선을 바람을 그린 거라고 단언해놓고 있었다.

우리말에서 바람은 참 표현하기 어려운 미묘한 것을 표현할 때 많이 쓰인다. '하는 바람에', '바람나다', '바람피우다', '바람 들다', '신바람 난다', '무슨 바람이 불어서' 등등이 모두 무어라 꼬집어 말하기 어려운 것을 표현하는 말들이다. 우리말은 앞의 시에서도 쏘았듯이 바람의 미묘한 움직임과 느낌을 잘 표현할 수 있는 말이다. 우리말의 특징을 몇 가지 든다면 동사·형용사 등의 어미변화, 조사·부사어의 발달, 의성어·의태어의 발달 등을 들 수 있을 것이다. 이러한 특징들은 바람의 미묘한 움직임과 느낌을 표현하는 데 알맞은 것들이다.

위와 같은 우리말의 특징은 우리말이 속한 우랄알타이어의 공통된 특징이기도 하다. 우랄알타이어는 유라시아 대륙 북부 초원 지대를 오가며 생활한 유목민들의 언어이다. 유목민들의 언어가 바람의 움직임과 느낌을 잘 표현할 수 있는 특징을 가지고 있다는 것은 어쩌면 당연한 일이다.

그런데 김소월의 시에 나타나 있는 바람은 이미 유목의 거친 바람은 아니다. 오밀조밀한 한반도의 자연환경 속에서 오랜 농경 정착 생활을 거치면서 부드러워지고 섬세해진 바람이다. 김소월의 시에서 유목의 거친 바람이 느껴지는 유일한 시가 있다면 「초혼招魂」일 것이다.

「초혼」이 절창인 이유

|

초혼은 전통 장례 절차 중의 하나이다. 죽은 사람이 생전에 입던 옷을 들고 지붕같이 높은 곳에 올라가 저승으로 가지 말고 다시 돌아오라고 마지막으로 혼을 부르는 것

이다.

　　김소월의 시 「초혼」의 화자는 지금 산봉우리에 올라가 마지막으로 죽은 이의 혼을 부르고 있다. 그런데 그 죽은 이는 화자가 몹시 사랑하면서도 살아 있을 땐 사랑한다고 말 한 번 못 해본 사람이다. 이것이 「초혼」의 화자가 놓여 있는 상황이다. 당연히 정서가 격할 수밖에 없다. 그 격한 정서는 「초혼」의 서두에서 파도가 겹쳐져 밀려오는 듯한 리듬으로 표현되고 있다.

　　산산이 부서진 이름이여!
　　허공虛空 중에 헤어진 이름이여!
　　불러도 주인 없는 이름이여!
　　부르다가 내가 죽을 이름이여!

　　심중心中에 남아 있는 말 한마디는
　　끝끝내 마저 하지 못하였구나.
　　사랑하던 그 사람이여!
　　사랑하던 그 사람이여!

　　붉은 해는 서산마루에 걸리었다.
　　사슴의 무리도 슬피 운다.
　　떨어져 나가 앉은 산 위에서

나는 그대의 이름을 부르노라.

설움에 겹도록 부르노라.
설움에 겹도록 부르노라.
부르는 소리는 비껴가지만
하늘과 땅 사이가 너무 넓구나.

선 채로 이 자리에 돌이 되어도
부르다가 내가 죽을 이름이여!
사랑하던 그 사람이여!
사랑하던 그 사람이여!
— 김소월, 「초혼」 전문

1연은 이 시의 화자가 죽은 이의 혼을 부르는 것이다. 호격조사와 감탄부호로 끝나는 3음보율의 행을 겹쳐놓음으로써 마음에 이는 격한 감정의 질풍과 노도를 급한 호흡으로 드러내고 있다.

2연의 1, 2행에서는 호흡이 한 박자 늦춰지고 있다. 격한 감정의 흐름이 완만해지며 자신을 돌아본다. 돌아보면 죽은 이에게 마음속에 품고 있던 사랑한다는 말 한 번 건네 보지 못했다. 이제 죽은 뒤에야 비로소 그를 사랑했던 사람이라고 부른다. 사랑했던 사람이라고 부르는 2연의 3, 4행에서 감정의 흐름이 조금 격해지고 호흡이 빨라진다.

3연에서는 화자의 시선이 자신에게서 자신을 둘러싼 세계로 옮겨 간다. 공간이 넓어지면서 시의 호흡이 완만해진다. 이 연은 신화적 해석이 필요한 연이다.

우리나라 전통 장례에서는 죽은 사람은 지하로 내려가거나 하늘로 올라가지 않는다. 서쪽으로 아주 멀리 수평 이동을 해서 간다. 〈바리데기〉 무가에서도 바리데기는 부모를 살리기 위해 생명수를 가지러 서쪽 멀리 수평 이동을 해서 간다. 서쪽 멀리 어디로 가는 것일까?

유라시아 북부 초원 지대를 이동해 다녔던 유목민들은 사람이 죽으면 '조상들의 산'으로 돌아가 조상들과 함께 산다고 생각했다. 그러다가 다시 깨어나고 다시 돌아가는 영원 회귀를 한다는 것이다. '조상들의 산'은 '영혼의 산'이고 우주의 중심에서 우주를 받치는 우주 산이며, 신들의 세계인 하늘과 땅을 잇는 하늘 사다리이기도 하다. 유목민들에게 조상들의 산이 그만큼 중요했기 때문에 그들은 옮겨 다니는 곳마다 '조상들의 산'을 정해 제사를 지냈다. 그래서 시베리아 북만주 일대에는 적산赤山, 그들의 발음으로 하면 부르칸 산이 여기저기 많다. 적산, 부르칸 산은 빛의 산, 즉 조상들의 산이란 뜻이다. 우리나라에는 백白 자 들어가는 그럴듯한 산이 많은데 흰 백 자가 들어가는 산 역시 본디는 빛의 산, 조상들의 산이란 뜻을 가지고 있었을 것이다.

이렇게 여기저기 이동해 다니면서 그때그때 조상들의 산을 정해 제사를 지내긴 했지만, 원조의 원조 조상들의 산은 유목민들이 이동해 오기 시작한 서쪽 멀리에 있다. 그래서 사람이 죽으면 까마득한 서쪽 멀리에 있는 원조의 원조 조상들의 산으로 가야 한다. 그래서 염을 할 때는 죽은 사람의 입에 쌀알이나 동전을 넣어주며 "천 석이오, 이천 석이오", "천 냥이오, 이천 냥이오" 한다. 서쪽 멀리 가려면 많은 노잣돈이 필요하기 때문이다.

　　3연 1행의 붉은 해가 걸려 있는 서산마루는 사랑하는 사람이 까마득히 먼 그 원조의 원조 조상들의 산, 영혼의 산을 향해 떠난 길이 있는 곳이다.

　　3연의 2행에서는 사슴의 무리도 슬피 운다. 사슴은 유목민들의 신화에서 매우 의미심장한 동물이다.

　　시베리아 어뱅키족 신화에는 하늘사슴이 나온다. 밤은 하늘사슴이 하늘 가운데 떠 있는 아름다운 해를 탐내어 두 뿔 사이에 걸고 하늘 숲으로 가져가기 때문에 온다. 어뱅키족의 샤먼이 하는 가장 중요한 일은 이 하늘사슴을 쫓아가 해를 찾아오는 것이다. 샤먼이 하늘사슴을 사냥하여 해를 찾아오면 낮이 된다. 극북 지방에선 6개월이 밤이고 낮이니까, 낮이 된다는 건 봄이 오게 하여 만물을 소생하게 하는 것이다.

　　이러한 신화적 관념에서 사슴 왕 개념이 나왔다. 『삼

국사기』의 고구려, 백제 초기 왕들의 기록을 보면 몇 줄 안 되는 한 왕의 기록 속에 사냥 나가서 흰 사슴을 잡아 국가의 경사라 기뻐했다는 기록이 자주 보인다. 어벵키족의 샤먼처럼 왕이 흰 사슴을 사냥하여 해를 찾음으로써 봄이 오고 만물이 소생하게 되었으니 국가의 경사이다. 고구려와 백제의 초기 왕들은 사슴 왕들이었다.

사슴은 이와 같이 우주 동물이며, 해를 걸고 오는 그 뿔은 우주 나무와 같은 의미가 있다. 이러한 사슴의 무리가 슬피 운다는 건 우주적 차원에서 무언가 심각한 일이 벌어진 것이다. 도대체 무슨 일이 벌어진 것일까?

3연의 3행, 4행에서 이 시의 화자는 '떨어져 나간' 산 위에서 죽은 이를 부르고 있다. 화자가 서 있는 산은 무엇으로부터 떨어져 나간 것일까? 조상들의 산, 영혼의 산을 향해 가는 길로부터, 영원 회귀의 길이 열려 있는 세계로부터 떨어져 나갔다고밖에 볼 수가 없다. 사랑했던 죽은 이가 먼 서쪽의 조상들의 산, 영혼의 산을 향해 길을 떠나는 것과 함께 그 길은 끊어져버렸다. 이제 영혼이 영원히 돌아갈 길을 잃어버린 것이다. 그래서 4연의 3행에서 부르는 소리는 사랑했던 죽은 이에게 닿지 못하고 비껴갈 수밖에 없고, 4행에서 하늘과 땅 사이가 너무 멀게 느껴질 정도로 공허감을 느끼는 것이다.

「초혼」은 단순히 사랑했던 이의 죽음을 슬퍼하는 시

가 아니다. 사랑했던 이의 죽음과 함께 혼이 영원히 돌아갈 길이 끊어져버린 상실감, 영원 회귀가 가능했던 전통적 우주의 붕괴와 그로부터의 단절감과 공허감을 노래한 것이다. 그래서 연애시라기에는 그 상실감의 울림이 너무 깊고 크다. 식민지 근대에 사람들이 느꼈던 상실감을 이보다 더 깊고 강렬하게 노래한 시가 달리 있을 수 없다는 점에서 초혼은 절창이다. 아마 이후에도 이보다 더 깊은 상실감을 노래하는 시는 있을 수 없으리라.

「초혼」에 나타나는 공간은 김소월의 다른 시들에 나타나는 공간과 비교할 수 없을 만큼 광활하다. 「초혼」에는 유목의 바람이 불어 가는 황량하고 광활한 공간과 유목의 격한 바람이 있다. 김소월은 유목 시대로부터 이어져온 바람에 대한 언어감각을 지녔던 마지막 시인이다.

바람의 현대적 의미

김윤식은 어느 글에선가 김소월은 우리 언어의 가장 깊은 지층인 고생층古生層에 닿아 있는 시인이고, 서정주는 삼국시대로 거슬러 올라가는 불교적佛敎的 지층에 닿아 있는 시인이라고 말한 적이 있다. 맞는 말이다. 김소월의 시가 닿아 있는 것은 삼국시대 훨씬 이전의 유목적 지층이며, 우리 언어의 가장 깊은 뿌리 부분이다. 그래서 김소월의 시는 서구 문학 이론으로는 제대로 접근하기가 어렵다. 유목민들의 언어인 우랄알타이어, 그에 속한 한국어가 형성되어 나온 배경과 특징, 그것을 담은 신화들에 바탕을 둬서 접근하지 않으면 김소월의 시는 제대로 이해가 되지 않는다. 얼핏 보기엔 무척 단순해 보이는 시인데 어떻게 그렇게 깊고 큰 울림을 주는지 도저히 이해할 수가 없는 것이다.

하지만 김소월의 시가 우리 언어의 가장 고대적인 지층에 닿아 있다고 해서 케케묵은 과거인 것은 아니다. 가장 깊은 뿌리에 닿아 있다는 것은 가장 강한 생명력으로 끊임없이 되살아 온다는 걸 뜻한다. 그래서 대표적 모더니스트인 김수영의 절창 「풀」에서 김소월 시의 바람을 만나는 것은 전혀 이상한 일이 아니다.

    풀이 눕는다
    비를 몰아 오는 동풍에 나부껴
    풀은 눕고
    드디어 울었다
    날이 흐려서 더 울다가
    다시 누웠다

    풀이 눕는다

바람보다도 더 빨리 눕는다
바람보다도 더 빨리 울고
바람보다 먼저 일어난다

날이 흐리고 풀이 눕는다
발목까지
발밑까지 눕는다
바람보다 늦게 누워도
바람보다 먼저 일어나고
바람보다 늦게 울어도
바람보다 먼저 웃는다
날이 흐리고 풀뿌리가 눕는다
— 김수영, 「풀」 전문

    이 시를 김소월의 시와 비교해보면 바람과 시적 화자의 관계가 거꾸로 뒤집혀 있는 걸 알 수 있다. 김소월의 시에서 시적 화자는 제자리에 멈추어 서서 불어왔다 가는 바람을 운명처럼 받아들이며 애상에 잠겨 있는 수동적 존재이다. 그런데 김수영의 시에서는 거꾸로이다.

    위 시의 1연에서는 바람이 능동적인 존재이고 풀은 동풍이 불어서 눕고 날이 흐려서 우는 수동적 존재이다. 그런데 이 관계는 2연에서부터 역전이 되기 시작한다. 풀은 바람보다 빨리 눕고 바람보다 빨리 울고, 바람이 부는 강도보다 훨씬 더 깊이 눕기도 한다. 풀은 단순히 부는 바람이나 날씨에 일방적으로 좌우되는 존재가 아니다. 3연에서는 바람과 풀의 관계가 완전히 역전된다. 풀은 "바람보다 늦게 누워도/바람보다 먼저 일어나고/바람보다 늦게 울어도/바람보다 먼저 웃는다" 3연에서는 풀이 능동적 존재이고 바람은 그 풀의 행위에 의해 자신을 드러낼 수밖에 없는 수동적 존재가 된다.

이 시에서 김수영이 진정 표현하고 싶었던 것은 눈에 보이는 풀이나 그 풀을 흔들고 가는 바람이 아닐 것이다. 김수영이 진정 표현하고 싶었던 것은 '바람 = 능동적 존재, 풀 = 수동적 존재'의 관계를 '풀 = 능동적 존재, 바람 = 수동적 존재'로 역전시키는 어떤 역동적 에너지, 이 시의 내면을 지나가며 코페르니쿠스적 전환을 만들어내는 역동적 바람이었을 것이다. 이 역동적 에너지, 시의 내면을 지나가며 코페르니쿠스적 전환을 만들어내는 역동적 바람은 '눕는다, 일어난다, 운다, 웃는다'의 반복 및 어미변화와 '먼저, 늦게, 더, 빨리' 등의 부사어의 결합에 의해 만들어지고 있다. 그런 점에서 모더니스트 김수영의 시는 김소월의 시를 이어받고 있다. 하지만 김수영은 단순히 이어받는 게 아니라 김소월의 운명적 바람을 코페르니쿠스적 바람으로 바꾸어 재창조하며 시대를 선취하고 있다.

오랜 세월 농경 정착 생활을 했던 우리는 새로운 유목의 시대를 맞이하고 있다. 우리 사회는 이미 전면적 도시화가 완료되었다고 해도 과언이 아닌데, 도시인의 삶은 정처 없는 떠돌이라는 점에서 유목적이다. 또 사이버 시대라고 하는데 사이버의 세계야말로 새로운 유목의 세계이다. 게다가 이른바 세계화의 흐름이 현대인의 유목민화를 가속화하고 있다. 우리의 유목적 바람이 갖는 역동성을 시대에 맞게 잘 살리면 이러한 시대에 힘이 될 수도 있다. 하지만 "놋주발보다도 더 쨍쨍 울리는 추억"과 "거대한 뿌리"가 없는 유목의 말발굽은 그것이 누구의 것이든 우리를 짓밟고 유린하기 위해 달려오는 말발굽일 뿐일 것이다.

> 역사는 아무리
> 더러운 역사라도 좋다
> 진창은 아무리 더러운 진창이라도 좋다
> 나에게 놋주발보다도 더 쨍쨍 울리는 추억이
> 있는 한 인간은 영원하고 사랑도 그렇다
> ― 김수영, 「거대한 뿌리」 부분

요즈음 집단으로 말을 타고 달리는 유목 이미지의 광고가 자주 눈에 띈다. 나는 그런 광고를 보면 우리가 밖을 향해 달려나간다는 느낌보다는 누군가 우리를 휩쓸어버리기 위해 노도처럼 말을 타고 밀려오는 것 같은 피해 의식부터 앞선다. 거품과 투기에 휩싸인 도시의 아파트들, 어린애의 혀까지 수술하는 영어 광풍, 비정규직과 청년 실업을 양산하는 한국산 다국적기업들, 사이버 공간을 가득 채운 정부 여당 알바들의 분단 이데올로기에 찌든 댓글들, 동족을 원수로 돌리고 사익을 추구하며 재산을 외국으로 빼돌리기에 여념이 없는 정치 모리배들 등등의 말발굽은 아무리 같은 한국 사람이라 하더라도 우리를 짓밟고 유린하기 위해 달려오는 말발굽일 뿐이다. 그 말발굽이 일으키는 바람을 유목의 바람으로 착각하지 말자. 거기엔 "놋주발보다도 더 쨍쨍 울리는 추억"도 없고 인간도 사랑도 없다.

진정한 유목의 바람은 우리 가슴속의 가장 깊은 지층을 이루며 여전히 미래적인 것으로 남아 있다. 김수영의 시 「풀」의 내면을 지나가며 코페르니쿠스적 전환을 일으키는 역동적 바람은 그런 점에서 여전히 미래적이다.

바람의
미학 Ⅱ

백석의 시를
다시
읽는다

우리가 쉬는 숨으로서의 문체

I

마술적 리얼리즘으로 널리 알려져 있는 남아메리카의 세계적 작가 마르케스의 소설을 처음 읽었을 때 나는 엉뚱하게도 내 어머니를 떠올렸다. 어머니는 아버지와 함께 젊은 시절을 만주에서 보냈다. 그런 인연으로 나는 어릴 때 어머니에게서 만주 이야기를 귀가 아프게 듣고 자랐다. 그런데 그 이야기들은 하나같이 마르케스의 소설처럼 어디부터가 현실이고 어디부터가 환상인지 모호하지만 상당히 리얼한 것들이었다. 덕분에 나는 마르케스의 기이한 소설들을 금방 이해할 수 있었다. 아, 이 양반도 입심 좋은 어머니 할머니에게서 뻥 같기도 하고 진짜 같기도 한 이야기들을 엔간히 많이 듣고 자랐구나. 아마도 그 어머니 할머니들이 한 이야기들은 남아메리카의 상황과 숲 속에서 저절로 우러나온 자연스러운 숨 같은 것일 게다. 다르케스는 이 자연스럽게 쉬는 숨의 힘으로 이미 굳어진 기왕의 소설 문체들에 변화를 이루어 냈을 것이다.

하지만 마르케스와는 달리 굳어진 기왕의 문체들의 압도적 힘 때문에 자연스럽게 쉬는 숨의 힘이 압살되는 경우가 훨씬 많을 것이다. 나 같은 경우도 그렇다. 환상적인 동화나 소설을 쓰는 게 어머니의 뺑 덕택일 수도 있겠지만 현실과 환상을 뒤섞으면서 압도적 리얼리티를 펼쳐내는 어머니의 입심 좋은 문체는 도무지 되살려낼 수가 없다. 그만큼 굳어진 기왕의 문체들이 가하는 힘이 압도적이었기 때문일 것이다. 문체란 결코 단순히 글을 쓰는 방식에 불과한 것이 아니다. 그것은 한 시대를 살아가는 사람들의 사고를 일정한 틀에 가두고 주조해내는 불가항력에 가까운 권력이다.

개혁 군주로 잘 알려진 정조가 아끼던 신하였던 박지원의 『열하일기』에 대해 정통적 문체를 문란하게 하여 국기를 흔든다고 금지시켰던 문체 반정文體反正을 보면 문체가 권력의 문제란 걸 쉽게 알 수 있다. 정히 뜻에 안 맞으면 벼슬을 버리고 물러나면 그만인 신하의 입장에서는 변화하는 삶의 숨결을 끌어올려 『열하일기』와 같이 조선화한 한문체를 상대적으로 자유롭게 구사할 수도 있었을 것이다. 하지만 한 국가를 책임지는 입장에서 벗어날 수 없는 정조는 현실적 힘의 관계를 고려하지 않을 수 없다. 현실적 힘의 관계에서 볼 때 조선조 성리학의 정통적 문체로 표현되는 보수 세력의 힘은 그 보수 세력에 의한 정조 독살설이 설득력을 가질 만큼 압도적이었다. 정조는 현실을 책임지는 입장에서 성리학적 정통을 중심에 두고 변화를 수용하는 선을 크게 벗어나기는 어려웠다. 그 변화의 수용이 정약용, 박지원 등 실학파의 등용으로 나타난 것이다. 하지만 성리학의 정통적 문체를 부정하고 실학파의 문체를 정통으로 세울 수는 없는 한계를 가질 수밖에 없었다.

인간의 발길을 허용하지 않는 광대한 자연이 여전히 존재하는 대륙 남아메리카에 가해진 권력의 압력보다, 탈출할 대륙도 없는 우리의 조그만 땅덩어리에 가해진 권력의 압력은 비교할 수 없을 정도로 클 수밖에 없다. 아마 평당 가해진 압력을 수치로 비교한다면 수십 배는 되지 않을까? 이렇게 압도적 권력의 힘이 작동하는 상황에서 자연스럽게 쉬는 숨의 힘을 문체 속에 끌어올려 변화를 만들어내는 건 여간 어려운 일이 아니다.

그런데 우리에게 불가항력에 가까운 압력을 가하는 기왕의 굳어진 문체들이란 도대체 어떤 것들일까? 이 물음에 답하기 위해서는 개화기 이래의 우리 문체를 살펴보아야 한다.

19세기 말에서 20세기 초에 쓰였던 우리의 문체는

대략 네 가지 정도였다. 첫째는 순 한문체이다. 황현의 『매천야록梅泉野錄』으로 대표되는 순 한문체는 군사부일체君師父一體의 유교 이념에 투철한 선비의 문체이다. 이 문체는 매천의 「절명시絕命詩」를 마지막으로 역사의 뒤안길로 사라진다. 매천의 「절명시」는 그의 행위와 함께 순 한문체가 마지막에 피워낸 붉은 꽃이다. 유교적 이념에 따르면 나라를 일제에게 빼앗기는 건 자신이 보는 앞에서 아버지가 강도에게 죽임을 당하는 거나 같은 것이다. 그런 상황에 놓인 선비는 강도와 맞서 목숨을 걸고 싸우거나 끝내 힘이 미치지 못하면 자결하는 수밖에 없다. 매천 황현은 자결을 택했다. 그래서 매천은 「절명시」의 마지막 구절에서 "글 아는 사람 노릇 하기 어렵구나"라고 탄식한다. 문체란 그런 것이다. 한 사람의 사고와 행위를 규정하여 어떤 상황에서는 죽음을 선택하게 할 수도 있는 것이다.

둘째는 유길준의 『서유견문西遊見聞』에서 비롯되는 일본어 번역 투의 국한문 혼용체이다. 유길준의 『서유견문』은 후쿠자와 유키치의 『서양사정西洋事情』을 번안한 것이다. 따라서 그 문체는 일본 문장의 한자들은 그대로 놔두고 가나로 된 부분을 한글로 바꾼 문장에 가깝다. 이 문체는 개화파들의 문체였고, 말기를 제외한 일제강점기에는 공식 문체가 되었으며, 국한문 혼용이 대세였던 우리 세대에까지 영향을 미친다. 일본어 번역 투의 문체는 많건 적건 사고와 행위의 일본화를 가져온다. 일제강점기를 거치면서 개화파들의 거의 대부분이 친일에 함몰된 이유 중 하나일 것이다.

셋째는 단재 신채호로 대표되는 진보적 선비들의 문체이다. 이 문체는 중국의 개화사상가였던 량치차오의 『음빙실문집』의 번역으로부터 왔다. 그런데 량치차오의 문체는 중국판 일본어 번역 투 문체이다. 신채호로 대표되는 진보적 선비들은 중국이란 여과기를 거쳐서 문체를 받아들인 것이다. 신채호로 대표되는 진보적 선비들은 만주를 비롯한 중국 대륙에서 항일 무장투쟁에 나섰는데 대부분이 일제강점기에 죽거나 해방 이후에 정치적으로 제거되었다. 이들의 문체 역시 이들과 함께 사라졌다.

넷째는 순 한글체이다. 순 한글체는 『독립신문』에서 처음 쓰였다. 『독립신문』은 한 면은 영어로, 한 면은 순 한글로 발행했는데, 영어 면을 먼저 쓰고 그것을 번역하여 순 한글 면을 만들었다. 즉 순 한글체는 영어 번역 투의 문체로 출발한 셈이다. 이 순 한글체는 잠시 사라졌다가 이광수의 소설 「무정」에서 거의 완성된 형태로 다시 나타난다. 「무정」의 순 한글체 문체는 이광수 소설에서 보아도 갑작스러운 것이다. 「무정」 직전까지의 이광수 초기 소설들 문체는 「무정」의 세련된 순 한글체에 비하면 터무니없이 거칠고 한문 투가 많이 섞여 있다. 이렇게 「무정」의 세련된 문체가 갑자기 나타난 비밀은 「무정」의 문체가 영어 번역 투의 문체라는 데 있다. 영어 번역 투의 문체였기 때문에 갑자기 하늘에서 뚝 떨어지듯이 나타날 수 있었던 것이다. 「무정」의 세련된 순 한글체는 이후 한국 소설의 문체로 자리 잡았다. 서울 토박이 말투를 도입한 염상섭 소설의 문체나 한문 투가 남아 있는 충청도 토박이 말투를 끌어들인 이문구 소설의 문체도 「무정」에서 비롯된 영어 번역 투 순 한글체에 대해 방언적 지위 이상을 갖지는 않는다.

한국 소설에서 「무정」에서 비롯된 순 한글체에 대해 방언적 지위를 벗어날 가능성을 갖는 유일한 소설은 홍명희의 「임걱정」이다. 홍명희의 「임걱정」은 한국어의 보고로 알려져 있는데, 국어학자인 홍기문이 있었기 때문에 가능했던 소설이다. 홍기문은 홍명희의 아들이다.

일제 말기에 활동했던 조선어학회에는 두 가지 학맥이 존재했다. 최현배를 필두로 하는 학맥은 영어 문법을 한국어에 적용하는 학문적 흐름을 보였고, 홍기문을 필두로 하는 학맥은 한국어의 자료를 최대한 수집하여 거기로부터 독자적 문법의 법칙을 찾아내려는 학문적 흐름을 보였다. 홍명희의 「임걱정」은 홍기문이 수집한 방대한 한국어 자료가 없었다면 가능하지 않았다.

해방 이후 남북이 분단되면서 홍기문 쪽의 학맥은 거의 다 북으로 가고 최현배 쪽의 학맥은 남쪽에 남았다. 그 결과 남과 북의 언어정책은 상반된 방향으로 나가게 되었다. 북쪽의 언어정책이 지나치게 폐쇄적이라면 남쪽의 정책은 지나치게 개방적이다. 최현배는 미군정 시기에 미군정청의 학무국장을 지냈다. 학무국은 오늘날의 교육부에 해당한다. 최현배 쪽의 학문적 경향이 영어 문법을 한국어에 적용하는 것이라면, 이는 남쪽의 문체를 점점 더 영어화하는 결과를 가져올 수밖에 없었을 것이다.

위와 같이 살펴보면 문체의 역사는 그대로 적나라한 현실 역사의 한 표현임을 잘 알 수 있다. 문체는 현실 권력관계를 그대로 반영한다. 그뿐만 아니라 그 권력관계를 공기처럼 너무도 당연한 것으로 보편화하며 눈에 보이지 않게 우리의 삶 속에 스며들어 우리의 사고와 행위를 규정한다. 그렇기 때문에 자각하기도 어렵고 자각하더라도 거의 불가항력으로 느껴진다.

문학을 하는 사람은 바로 이 눈에 보이지 않는 불가항력과 대결하며 끊임없이 방언을 생산하는 사람이다. 방언을 생산하는 문학적 작업 자체는 개인의 고독한 작업이지만, 그의 작업은 우리가 삶 속에서 쉬는 자연스러운 숨에 기댄다. 우리 삶 속에서 쉬는 숨을 끌어올려 권력화한 문체에 균열과 변형과 와해를 일으킨다.

시의 문제

I

진경산수真景山水는 진짜 경치를 그린 그림이라는 뜻인데 조선조 후기의 화가 정선에게서 비롯된 화풍을 일컫는 말이다. 정선의 그림을 보면 아 이거 인왕산을 그린 거네 하는 식으로 금방 알 수 있다. 그러니까 진경산수는 우리나라의 풍경을 직접 보고 그린 그림이라는 뜻이다. 진경산수는 우리 미술사의 혁명으로 일컬어진다. 우리나라 풍경을 직접 보고 그리는 건 지금으로서는 당연하게 여겨지는데 그게 어떻게 미술사의 혁명이란 말인가?

그 이유는 정선 이전의 산수화와 정선의 산수화를 비교해보면 쉽게 알 수 있다. 정선 이전까지 산수화들은 우리 산수를 직접 보고 그린 게 아니라 그림본 책의 그림 모델들을 적절히 조합해서 그린 것이다. 두꺼운 그림본 책에는 다양한 산 모양, 바위 모양 등의 그림 모델들이 들어 있었다. 그런데 그림본 책에 있는 산 모양, 바위 모양 들은 우리나라 산과 바위 모양이 아니어서 좀 환상적으로 보인다. 저 산 모양과 바위 모양들은 도대체 어디로부터 온 것일까? 이러한 궁금증은 장자제 등 중국의 명승지에 가보면 풀린다. 그림본 책의 산 모양, 바위 모양 들은 중국의 산 모양, 바위 모양에서 온 것이다. 정선 이전까지는 그림본 책, 즉 중국의 산수를 모델로 해서 그린 그림들만을 그림으로 여겼고, 그런 그림들만 그렸다. 정선이 활동하던 시대에도 많은 사대부들은 우리나라 산수를 직접 보고 그린 그림은 그림으로 여기지 않았다. 그러니 정선의 진경산수를 우리 미술사의 혁명이라 할 만하다.

진경산수가 왜 미술사적 혁명인가는 조선조의 이기철학理氣哲學에 기대어 보면 더 명확해진다. 이기 철학에 기대어 말하자면 정선의 진경산수는 주기론主氣論적 그림이고, 그림본 책을 보고 그리는 그림은 주리론主理論적 그림이다.

기氣는 자연현상, 사회현상, 세상 만물 등을 총칭하는 말이다. 이理는 그 기를 움직이는 법칙 같은 것이다. 주리론은, 영원히 변하지 않는 법칙인 이가 먼저 있고 거기로부터 구체적이고 다양한 현상인 기가 생겨 나온다고 본다. 정선 이전의 그림에서 중국의 산 모양, 바위 모양으로 채워져 있는 그림본 책은 영원히 변하지 않는 이에 해당하고, 그 그림본을 조합해서 그린 다양한 조선의 산수화는 이에서 생겨 나온 기에 해당한다. 어떤 그림(氣)에 대한 평가는 그 그림이 그림본 책의 모델(理)과 얼마나 합치하는가에 달려 있다. 정선의 그림은 그림본 책의 모델들과 전혀 합치하지 않으니 그림이 아니고 이에 반하는 이단이다. 정선이 조선조 후기가 아니라 임진왜란 전에 태어나 이러한 그림을 공공연히 그렸다면 모름지기 미친 사람 취급을 받거나 이단으로 몰려 사형이라도 당하지 않았을까? 주리론은 기왕의 관념으로 현실을 재단하는 논리이기 때문에 현실의 변화를 수용하지 못한다. 그리고 기왕의 주류 이념을 영구불변의 것으로 고수한다는 점에서 체제 옹호적 논리이다.

주기론은 구체적인 사물 현상인 기가 먼저 있고 이는 그것이 움직이는 법칙으로서 나타나는 것이라고 본다. 이렇게 보면 이는 영구불변의 것이 아니라 기가 변함에 따라 끊임없이 변하는 것이다. 정선은 인왕산이라는 눈앞의 대상(氣)을 우선시해서 그림을 그렸기 때문에 정선의 그림은 그림본 책을 보고 그리는 주류 사대부들의 그림과는 전혀 다른 원리(理)를 가진 그림이 되었다. 주기론은 구체적인 현상 현실을 우선시하기 때문에 현실의 변화를 적극적으로 수용하는 논리이다. 그리고 현실(氣)의 변화에 따라 법칙(理)이 달라질 수 있다고 보는 개혁적 논리이다.

정선의 진경산수가 그렇듯이 조선조 우리 문학의 중요한 분기점이 되는 작품들은 하나같이 시대적 격변 속에서 변화를 적극적으로 수용하는 주기론적 입장에서 생산된 것들이었다.

최초의 소설로 알려진 「금오신화」를 쓴 김시습은 세종-성종 시대를 산 인물이다. 이 시대는 토지 등 기득권을 독점한 훈구파(조선 건국 공신들의 문벌)의 구체제가 한계에 이르러 변화의 흐름이 나타나던 시기이다. 새로이 성장하는 사림士林은 이 변화의 흐름을 대변했는데 훈구파의 압도적 힘에 밀려 죽임을 당하거나 제도권에서 쫓겨나 방외인의 삶을 사는 경우가 많았다. 김시습은 방외인의 삶을 산 신진 사림의 대표적 인물 중 하나다. 김시습은 이러한 상황에서 변화의 흐름을 적극적으로 수용하는 주기론을 펼친다. 「금오신화」는 이러한 주기론적 이상의 추구가 경직된 현실 체제와 부딪쳐 야기하는 갈등과 좌절을 문학적으로 형상화한 작품이라 할 수 있다.

최초의 한글 소설인 허균의 「홍길동전」 역시 마찬가지다. 허균이 살았던 시기는 임진왜란, 병자호란으로 조선조의 체제가 근본적인 모순을 드러내며 흔들리던 시기이고, 농업 기술혁명 등에서 비롯된 근본적 변화의 흐름이 밑으로부터 나타나던 시기이다. 허균은 변화하는 현실을 적극적으로 받아들여 기왕의 체제를 부정하고 바꾸려는 혁명적 사상을 그의 「호민론豪民論」에서 펼치고 있는데, 그러한 사상을 문학적으로 형상화한 작품이 「홍길동전」이다. 이러한 사상은 현실(氣)이 변화하면 그에 따라 법칙이나 도리(理)도 달라져야 한다는 주기론이다. 실제로 허균의 스승인 이달은 주기론자 서경덕의 맥을 잇는 사람 중 하나였다.

이야기성을 도입하여 당시 농촌의 참담한 현실을 리얼하게 그려내고 있는 정약용의 한시, 당시 현실을 신랄하게 풍자한 박지원의 한문 소설 역시 주기론적 사상을 형상화하고 있는 작품이다. 풍자와 해학으로 가득한 조선조 후기의 판소리계 소설 역시 마찬가지이다.

　　해방 이후 대세를 이루었던 영어 문법을 한국어에 적용하는 언어이론들은 이기 철학의 용어로 말하자면 이의 원천이 중국에서 서구로 바뀌었을 뿐이지 또 다른 주리론이라 할 수 있다. 우리 시에 대한 논의에서 대세를 이루어 온 서구 시 이론의 일방적 적용 역시 일종의 주리론이다. 경직된 주리론은 늘 그랬듯이 살아 있는 현실을 놓친다. 서구 시 이론들의 일방적인 적용 역시 정작 핵심이 되는 살아 있는 우리 현실, 우리 말과 시의 관계는 놓치고 지엽 말단의 기교와 섬세에 기능적으로 매달린다.

　　이렇게 경직된 주리론의 틀로 보면 우리 시의 절창들이 이루는 맥의 중요한 의미들을 많이 놓치게 된다. 왜냐 하면 우리 시의 절창들은 하나같이 서구에서 도입된 유파나 이론을 벗어나는 지점에서 나오기 때문이다. 김억은 프랑스 상징파의 음악성을 살려내려 했는데 그 제자인 김소월은 거기서 벗어나는 지점에서 「초혼」 같은 절창을 빚어낸다. 이상화는 퇴폐적 상징주의에서 벗어나는 지점에서 「빼앗긴 들에도 봄은 오는가」라는 절창을 읊고, 한용운, 이육사, 윤동주는 서구의 유파들을 받아들이는 주류 문단 밖에 있었던 사람들이다. 정지용은 이미지즘에서 벗어나는 지점에서 「장수산」, 「백록담」 같은 절창을 쓰고, 이용악, 백석 역시 그렇다. 김수영 역시 모더니즘을 넘어서는 지점에서 「풀」이라는 절창을 내놓는다. 그러니 우리 시 절창들의 맥은 서구의 시 이론으로는 제대로 해명될 수가 없다. 주리론적인 서구 시 이론의 일방적 적용으로는 해명이 되지 않는 주기론적인 시들이 우리 시의 절창들인 것이다.

우리 시의 절창들을 제대로 보기 위해서는 그 시가 현실 삶에서 새로이 나타나는 어떤 숨을 포착하려 한 건지, 그 숨을 우리말의 어떤 지층에 연결지으며 새로운 스타일을 만들어냈는지를 살펴야 한다. 이러한 내용을 담을 수 있는 시 이론상의 용어는 서구 시 이론에는 없다. 그래서 잠정적으로 시의 문체란 용어를 쓰는 것이다.

전통 창법唱法에 비추어 본 우리말의 특성과 백석 시의 문체
l

나는 앞의 글 「바람의 미학Ⅰ, 김소월의 시를 다시 읽는다」에서 서구 시 이론으로 해명하기 어려운 김소월 시의 문체를 우리말의 가장 깊은 지층인 유목적 신화의 지층, 그와 관련된 우리말의 특징, 그러한 지층의 의미를 새롭게 하는 시대 상황 등과 관련하여 이야기했었다. 이제 김소월의 시와는 대조적인 백석 시의 문체를 가지고 이야기를 더 진전시켜보자.

백석 초기 시의 대부분은 사라진 함경도 지방의 먹거리와 풍습을 다룬다는 특이점을 빼면 전형적인 이미지스트의 시다.

호박잎에 싸 오는 붕어곰은 언제나 맛있었다.

부엌에는 빨갛게 질들은 팔ㅅ모알상이 그 상 우엔 새파란 싸리를 그린 눈알만 한 잔盞이 뵈었다.

아들아이는 범이라고 장고기를 잘 잡는 앞니가 뻐드러진 나와 동갑이었다.

울파주 밖에는 장꾼들을 따라와서 엄지의 젖을 빠는 망아지도 있었다.
— 백석, 「주막酒幕」 전문

위 시의 화자는 거리를 두고 주막의 광경을 그림을 그리듯 그려내고 있다. 그 거리는 시간적 거리이기도 하고 화자가 대상에 대해서 갖는 거리이기도 하다. 화자는 대상에 대한 직접적 감정 개입을 자제하며 주막의 광경을 제시하려 한다.

위 시는 한 연이 한 문장으로 되어 있는데 주술 관계

가 분명한 단정한 문장이다. 이 단정한 문장을 통해 선명한 이미지가 하나씩 그려진다. 각 연에서 그려지는 이미지는 앞뒤 연의 이미지와 단절적이다. 옛 주막의 광경을 띄엄띄엄 몇 개의 이미지로 그려내고 있어서 각 연의 이미지 사이에 생략된 이미지들이 많기 때문이다. 그래서 각 연의 끝에 오는 단정적 종결어미 '-다' 뒤에 여백이 느껴진다. 이 여백이 환기하는 것은 생략된 이미지들이다.

그런데 종결어미 '-다' 뒤의 여백은 연에서 연으로 이어지는 감정의 흐름을 차단하는 역할도 한다. 그래서 좀 차가운 느낌을 주고 이 조금 차가운 느낌이 이 시가 그려내는 광경을 전체적으로는 흑백사진처럼 다가오게 한다. 흑백사진에 빨간 팔모알상과 눈알만 한 잔의 새파란 싸리 무늬에만 색깔이 칠해져 있다고나 할까? 전형적인 이미지스트의 문체이다.

하지만 그럼에도 불구하고 위 시가 그려내는 풍경에는 오랜 햇볕에 빛이 바랜 듯한 슬픔이 깔려 있다. '맛있었다, 뵈었다, 동갑이었다, 있었다'의 회상조 과거 시제와 '맛있었다'와 같은 화자의 긍정적 판단, '범이라고, 나와 동갑이었다'와 같은 화자와 시적 대상 사이의 관계 제시가 그런 느낌을 만들어낸다. 그러한 표현들을 통해 이미 사라진 과거의 삶에 대한 화자의 그리워하는 태도를 드러내고 있다.

백석의 시들이 이 「주막」이라는 시와 같이 이미지스

트의 문체에서 크게 벗어나지 않고 있다면 이 자리에서 굳이 백석 시의 문체를 이야기할 필요는 없을 것이다. 우리가 여기서 이야기하고자 하는 것은 이미지스트를 벗어난 백석 시의 문체이다. 백석 시는 위에서 '맛있었다'로 나타난 화자의 시적 대상에 대한 판단, '범이라고, 나와 동갑이었다'와 같은 시적 대상과의 관계 제시가 적극화되고 확대되면서 줄줄 이어지는 산문 투의 복잡한 둔장으로 바뀌어간다. 우리 시의 절창 중 하나인 「여우난골족族」이 대표적이다.

  명절날 나는 엄매아배 따라 우리집 개는 나를 따라 진할머니 진할아버지가 있는 큰집으로 가면

  얼굴에 별자국이 솜솜 난 말수와 같이 눈도 껌벅거리는 하로에 베 한 필을 짠다는 별 하나 건너 집엔 복숭아나무가 많은 신리新里 고무 고므의 딸 이녀李女 작은 이녀 열여섯에 사십四十이 넘은 홀아비의 후처가 된 포족족하니 성이 잘 나는 살빛이 매감탕 같은 입술과 젖꼭지는 더 까만 예수쟁이 마을 가까이 사는 토산土山 고무 고무의 딸 승녀承女 아들 승承동이 육십 리六十里라고 해서 파랗게 뵈이는 산山을 넘어 있다는 해변에서 과부가 된 코끝이 빨간 언제나 흰 옷이 정하든 말끝에 설게 눈물을 짤 때가 많은 큰골 고무 고무의 딸 홍녀洪女 아들

홍洪동이 작은 홍동이 배나무접을 잘하는 주정을 하면 토방돌을 뽑는 오리치를 잘 놓는 먼 섬에 반디젓 담으러 가기를 좋아하는 삼촌 삼촌엄매 사춘누이 사춘동생들

 이 그득히들 할머니 할아버지가 있는 안간에들 모여서 방 안에서는 새옷의 내음새가 나고 또 인절미 송구떡 콩가루차떡의 내음새도 나고 끼때의 두부와 콩나물과 뽂은 잔디와 고사리와 도야지비계는 모두 선득선득하니 찬 것들이다

 저녁술을 놓은 아이들은 외양간섶 밭마당에 달린 배나무동산에서 쥐잡이를 하고 숨굴막질을 하고 꼬리잡이를 하고 가마 타고 시집가는 놀음 말 타고 장가가는 놀음을 하고 이렇게 어둡도록 북적하니 논다
 밤이 깊어가는 집 안엔 엄매는 엄매들끼리 아르간에서들 웃고 이야기하고 아이들은 아이들끼리 웃간 한 방을 잡고 조아질하고 쌈방이 굴리고 바리깨돌림하고 호박떼기하고 제비손이구손이하고 이렇게 화디의 사기방등에 심지를 맻번이나 돋구고 홍게닭이 맻번이나 울어서 졸음이 오면 아릇목싸움 자리싸움을 하며 히득거리다 잠이 든다 그래서는 문창에 텅납새의 그림자가 치는 아츰 시누이 동세들이 욱적하니 흥성거리는 부엌으

론 샛문 틈으로 장지문 틈으로 므이장개국을 끓이는 맛있는 내음새가 올라오도록 잔다

― 백석, 「여우난골족」 전문

    이 시를 반복해서 읽다 보면 그득한 존재감이 가슴을 채워온다. 앞에서 살펴본 시 「주막」처럼 햇볕에 오래 바랜 듯한 슬픔이 배경에 살짝 깔려 있긴 하지만 그득한 존재감이 워낙 압도적이다. 이렇게 그득한 존재감을 느끼게 하는 시는 백석 시 이전에도 찾아보기 어렵고 앞으로도 있기 어려울 것이다. 그런 점에서 이 시는 절창이다. 그런데 이 압도적으로 다가오는 그득한 존재감은 도대체 어떻게 해서 생겨나는 것일까? 이것이 우리가 풀어야 할 수수께끼이다.

    우선 쉽게 눈에 띄는 것은 이 시의 화자가 시적 대상에 대해 취하는 태도가 「주막」의 화자가 보이는 태도와는 전혀 다르다는 점이다. 「주막」의 화자가 시적 대상에 대해 거리를 두고 그림을 그리는 듯한 터도를 취하고 있는 반면, 「여우난골족」의 화자는 과거 삶의 무대로 걸어 들어간다. 그것도 그 시절의 어린아이가 되어 명절날 어머니 아버지를 따라 집에서 기르는 개도 데리고 친할머니 친할아버지가 있는 큰집이라는 무대로 들어간다. 이 어린 화자에게 무대 안에 있는 친척들, 친척 아이들과 벌이는 놀이, 함께 웃고 떠들며 먹는 명절 음식들은 그득한 존재감으로 다가올 법

하다.

하지만 이 정도 해석으로 읽는 이들이 이 시에서 느끼는 그득한 존재감이 어떻게 생겨나는가가 해명되지는 않는다. 그저 시의 화자가 그런 느낌을 받을 법하다는 추측을 할 수 있을 뿐이다. 우리가 해명해야 할 것은 시 속의 어린 화자가 느낄 법한 그득한 존재감이 어떻게 해서 독자에게 생겨나게 되느냐 하는 것이다. 이 물음에 답하기 위해서는 이 시의 독특한 문체를 살펴야 한다.

이 시의 문체는 매우 독특하다. 우선 이 시는 쉼표도 마침표도 없는 매우 길고 복잡한 네 개의 문장으로 구성되어 있다. 그중 첫 번째 문장은 391자나 되며 3개의 연을 이루고 있다. 한국어를 외국어로 배운 사람은 이 시의 문장을 해독하는 것 자체가 쉽지 않을 것이다. 하지만 한국어가 모국어인 사람에게는 이 길고 복잡한 문장이 어렵지 않게 읽히고 독특한 흥취를 자아낸다. 한국어가 모국어인 사람은 이 길고 복잡한 문장을 어떤 방식으로 읽기에 그럴 수 있는 걸까? 이 물음의 답 속에 백석 시 문체의 비밀이, 백석의 시가 어떻게 해서 어떤 신화적 지층에 가닿고 있는지 하는 비밀이 숨어 있다.

한국어가 모국어인 사람은 「여우난골족」의 문장을 읽을 때 무의식적으로 두 가지 읽기를 동시에 진행시킨다. 위 시의 문장이 길고 복잡해진 이유는 문장의 특정 부위가 열거되면서 주객이 뒤바뀔 정도로 길어져 있기 때문이다. 첫 번째 문장의 경우는 주어부가 장황한 수식이 붙은 주어들이 나열되면서 엄청나게 길어져 있고, 여타 구들도 나열되면서 조금 길어져 있다. 한국어가 모국어인 사람은 우선 나열된 부분을 한 뭉텅이로 읽어 전체 문장의 의미 골격을 파악하는 읽기를 한다. 그렇게 읽으면 첫 번째 문장은 '명절날 큰집에 가면 많은 친척들이 모여 이런저런 냄새가 나고, 이런저런 놀이를 하고, 찬 음식도 먹는다' 정도가 된다. 의미 파악이 그렇게 어려운 문장은 아니다. 한국어가 모국어인 사람은 이러한 의미 골격을 파악하는 읽기를 하면서 동시에 나열된 것들 자체를 즐기는 읽기를 진행시킨다. 위 시를 읽는 데서 동시에 진행되는 두 가지 읽기 중 중심이 되는 것은 나열된 것들을 그것 자체로 즐기며 읽기이다. 의미 골격을 파악하는 읽기는 이 시 읽기에서 배경이나 전제 이상이 아니다. 위 시에서 느껴지는 그득한 존재감은 나열된 것들을 즐겨 읽는 데서 오는 것이다.

그런데 한국어를 모국어로 하는 사람에겐 어떻게 두 가지 읽기를 동시에 진행시키는 게 가능할까? 좀 우회적인 대답을 하자면, 그 해답의 실마리는 몽골의 전통 창법 흐미에서 찾을 수 있다. 몽골의 전통 창법 흐미는 두 가지 소리를 동시에 내는 창법이다. 목구경에서 내는 소리와 입으로 내는 소리를 동시에 내는데 목구멍에서 내는 소리는 바람

소리 물소리 등 자연의 소리를 모사하는 것이다. 입으로 내는 소리는 이런저런 의미를 갖는 말들이다. 흐미는 알타이 산맥에 어우러진 자연의 아름다움을 노래하는 것이라고 하는데 처음 듣는 사람은 경악하게 된다. 목구멍으로 내는 소리는 초원 멀리까지 소리를 보내기 위해 쓰일 정도로 웅장한 데다 다양해서 눈을 감고 들으면 정말 알타이의 한 계곡에 서 있는 느낌을 준다. 당연히 흐미에서 중심이 되는 것은 목구멍으로 내는 소리이다. 목구멍으로 내는 소리는 의미의 언어라기보다는 자연의 존재들을 불러내서 눈앞에 현존하게 하는 존재의 언어, 존재들의 숨이다. 입으로 내는 소리는 이 존재의 언어에 덧붙여지는 인간적 해석 정도일 것이다. 백석 시의 문장을 읽을 때 두 가지 읽기를 동시에 진행하는 것은 두 가지 목소리를 내는 흐미의 창법을 듣는 사람의 입장에서 뒤집은 것이라고 보면 된다. 그렇게 보면 줄줄이 나열된 것을 즐기며 읽는 것은 목구멍으로 내는 소리를 듣는 것에 해당하고 의미의 골격을 파악하는 것은 입으로 내는 소리를 듣는 것에 해당한다.

하지만 이렇게 백석 시의 문체와 몽골의 전통 창법 흐미를 직접 연결시키는 것은 지나친 비약일 것이다. 비약을 피하기 위해서는 여러 개의 중간 항이 필요하다. 우선 그 첫 번째 중간 항은 흐미가 샤먼의 발성법에서 유래된 것이라는 점일 것이다. 샤먼이 예컨대 도우미 신인 동물 신을 불러낼 때는 그 동물 신의 이름을 호명하고 그 소리와 몸짓을 한다. 이것은 그 동물 신을 흉내 내는 것이 아니라 그 동물 신이 샤먼의 몸에 깃들어 직접 소리를 내고 몸짓을 하는 것이다. 그래서 샤먼은 인간의 말로 그것을 풀어서 굿판의 사람들에게 전달해야 한다. 흐미의 목구멍으로 내는 소리는 샤먼이 빙의되어 내는 동물 신의 소리에 해당되고, 입으로 내는 소리는 샤먼이 동물 신의 소리를 인간의 언어로 푸는 말에 해당한다.

두 번째 중간 항은 우리의 판소리 창법 역시 샤먼의 발성법에서 유래되었다는 점이다. 이 점은 조선조의 판소리 명창들이 대부분 호남 지방 세습 무당 가계 출신이라는 점만 보아도 쉽게 알 수 있다. 판소리에는 휘몰이, 중중모리, 중모리, 진양조 등의 빠르기가 있어 창으로 부르는 부분이 있고, 아니리라고 하여 말하듯이 하는 부분이 있다. 창으로 부르는 부분은 샤먼이 신에 빙의되어 내는 소리에 해당할 것이고, 말하듯이 하는 부분이 신의 소리를 인간의 말로 푸는 것에 해당할 것이다. 판소리에서 '이면에 맞다/이면에 맞지 않는다'라는 말은 '사실적이다/사실적이 아니다', '실감 난다/실감 나지 않는다'라는 뜻인데 창으로 부르는 부분에 대해 하는 말이다. 샤먼이 신에 빙의되어 실감 나게 소리를 내고 몸짓을 하는 것처럼 사실적으로 불러야 한다는 뜻이다. 우리는 이 판소리 사설들에서 백석의 시 「여우난골족」의 문장과 유사한 문장들을 흔히 만날 수 있다.

세 번째 중간 항은 조선조의 내간체이다. 내간체의 문장은 쉼표도 마침표도 띄어쓰기도 없이 줄줄이 이어진다. 조선조의 내간체는 여성들의 문체인데, 조선조 남성이 조상신을 모시는 유교적 제의의 제사장이라면 여성들은 잡신 즉 샤머니즘의 신을 모시는 제사장이었다. 옛날의 어머니나 할머니들은 늘 장독대 같은 데 정화수를 떠놓고 빌곤 했는데 그게 샤머니즘의 신들을 모시는 것이다. 특히 양반 집안이 아닌 백석의 시에 등장할 만한 여성이라면 샤머니즘적인 세계관에 익숙했을 것이다. 백석 시의 문체는 그렇게 샤머니즘적 세계에 익숙한 여인들이 썼을 법한 편지 문체이다.

1930년대에 가람 이병기는 시조 부흥 운동을 일으키며 우리 고전을 활발하게 소개했는데 그 일환으로 고아한 내간체의 편지들도 소개했다. 이 내간체가 정지용 등의 모더니스트들에게 영향을 미쳤는데 백석 역시 그중 한 사람이었다. 하지만 내간체를 매개로 우리말의 깊은 신화적 지층에까지 가닿은 것은 백석의 뛰어난 언어 감각과 그의 유년시절이 잠겨 있는 함경도 방언의 힘 덕분일 것이다. 내간체의 영향을 같이 입었던 정지용도 그러한 깊이까지 도달하지는 못했으니 말이다.

위와 같이 살펴보면 「여우난골족」 같은 백석 시가 읽는 이에게 어떻게 해서 충만한 존재감을 느끼게 하는지 비로소 이해할 수 있다. 이 시에서 시인은 어린이 화자가 되어 과거의 무대로 직접 들어간다. 이 어린이 화자는 샤먼은 물론 아니지만 샤먼적 속성을 지닌 존재이다. 이 화자는 과거의 무대에서 친척들을, 친척들과 먹던 음식을, 친척 아이들과 하던 놀이를 호명한다. 샤먼적 존재의 호명은 단순히 이름을 부르는 데 그치는 것이 아니라 빙의를 통해 호명된 존재를 눈앞에 현전하게 하는 것이다. 그런 점에서 그 호명은 언어를 넘어서는 존재의 언어이다. 한국어가 모국어인 사람은 무의식적으로 이 존재의 언어를 알고 느낀다. 그렇기 때문에 「여우난골족」이 모국어 독자에게 그득한 존재감을 안겨줄 수 있는 것이다.

그런데 백석은 왜 어린 화자가 되어 과거의 무대로 들어가 과거의 것들을 간절하게 부르는 것일까? 그것은 부재不在 때문이다. 일제강점기 말기의 뿌리 뽑힌 삶이 한국인에게 깊은 고향 상실감을 안겨주었다면, 백석의 「여우난골족」은 그에 대한 대응이다. 백석은 일제 말기의 고향 상실감에 대한 대응으로 자신의 유년이 잠겨 있는 함경도 방언과 풍속에 천착하는데, 이미지즘의 세례를 받은 샤먼적 문체로 새롭고 깊은 울림을 만들어냈다.

바람의 시, 존재하는 것들이 쉬는 숨의 변증법

|

「여우난골족」은 역설적인 시다. 가장 깊은 상실감을 가장 그득한 존재감으로 노래하고 있기에 하는 말이다. 이 역설은 어린이라는 특수한 시적 화자의 설정에서 온 것이다. 어린이가 가장 깊은 상실감에 대응하는 유효한 방법은 사라진 것들을 불러내어 눈앞에 현전하게 하는 것이다. 심리적 퇴행이긴 하지만 극단적 상황에서는 현실에 대응하는 하나의 방법임에는 분명하다.

시적 화자가 어린이에서 어른으로 바뀐다면 「여우난골족」에서와 같은 일방적 퇴행은 어려울 것이다. 어른 화자는 현실의 부재를 직시할 수밖에 없고 그 부재로부터 부재를 넘어서는 존재감을 만들어내려 할 것이다. 「남신의주南新義州 유동柳洞 박시봉방朴時逢方」 같은 시가 바로 그러하다. 「남신의주 유동 박시봉방」은 남신의주 유동 박시봉 집 정도의 뜻인데 편지 주소를 쓰는 형식에 맞춘 것이다.

어느 사이에 나는 아내도 없고, 또,
아내와 살던 집도 없어지고,
그리고 살뜰한 부모며 동생들과도 멀리 떨어져서,
그 어느 바람 세인 쓸쓸한 거리 끝에 헤매이었다.
바로 날도 저물어서,

바람은 더욱 세게 불고, 추위는 점점 더해오는데,

나는 어느 목수(木手)네 집 헌 삿을 깐,

한 방에 들어서 쥔을 붙이었다.

그리하여 나는 이 이 습내 나는 춥고, 누긋한 방에서,

낮이나 밤이나 나는 나 혼자도 너무 많은 것같이 생각하며,

달옹배기에 북덕불이라도 담겨 오면,

이것을 안고 손을 쬐며 재 우에 뜻 없이 글자를 쓰기도 하며,

또 문밖에 나가디두 않구 자리에 누워서,

머리에 손깍지벼개를 하고 굴기도 하면서,

나는 내 슬픔이며 어리석음이며를 소처럼 연하여 새김질하는 것이었다.

내 가슴이 꽉 메어올 적이며,

내 눈에 뜨거운 것이 핑 괴일 적이며,

또 내 스스로 화끈 낯이 붉도록 부끄러울 적이며,

나는 내 슬픔과 어리석음에 눌리어 죽을 수밖에 없는 것을 느끼는 것이었다.

그러나 잠시 뒤에 나는 고개를 들어,

허연 문창을 바라보든가 또 눈을 떠서 높은 턴정을 쳐다보는 것인데,

이때 나는 내 뜻이며 힘으로, 나를 이끌어가는 것이

힘든 일인 것을 생각하고,

이것들보다 더 크고, 높은 것이 있어서, 나를 마음대로 굴려 가는 것을 생각하는 것인데,

이렇게 하여 여러 날이 지나는 동안에,

내 어지러운 마음에는 슬픔이며, 한탄이며, 가라앉을 것은 차츰 앙금이 되어 가라앉고,

외로운 생각만이 드는 때쯤 해서는,

더러 나즛손에 쌀랑쌀랑 싸락눈이 와서 문창을 치기도 하는 때도 있는데,

나는 이런 저녁에는 화로를 더욱 다가 끼며, 무릎을 꿇어보며,

어니 먼 산 뒷옆에 바우섶에 따로 외로이 서서,

어두워오는데 하이야니 눈을 맞을, 그 마른 잎새에는,

쌀랑쌀랑 소리도 나며 눈을 맞을,

그 드물다는 굳고 정갈한 갈매나무라는 나무를 생각하는 것이었다.

— 백석, 「남신의주 유동 박시봉방」 전문

이 시의 화자는 가족이라는 뿌리를 잃어버린 상황에 있다. 이 시의 첫머리에서 시의 화자는 '어느 사이에 나는 아내도 없고, 또,/ 아내와 같이 살던 집도 없어지고,/ 그리고 살뜰한 부모며 동생들과도 떨어져서,/ 그 어느 바람 세인 쓸쓸

한 거리 끝에 헤매이었다'와 같이 이 부재를 직시하고 있다.

이 부재는 다음의 두 행에서 '바로 날도 저물어서,/ 바람은 더욱 세게 불고, 추위는 점점 더해오는데'의 부정적 상황으로 치환된다. 가족이라는 뿌리를 잃어버린 화자는 지금 존재 자체를 위협받는 적대적 상황이 놓여 있다. 이 시의 화자는 어른으로서 자신의 존재를 포기하지 않는 한 자기 존재의 근거를 만들어야 한다. 그래서 나는 '어느 목수네 집 헌 삿을 깐,/ 한 방에 들어서 쥔을 붙이었다.'

시의 화자가 마련한 새로운 존재 근거인 이 방은 그러나 최소한의 것이고 따라서 매우 수동적이고 방어적인 것이다. 그래서 '나는 이 습내 나는 누긋한 방에서,/ 낮이나 밤이나 나는 나 혼자도 너무 많은 것같이 생각하며,/ 달옹배기에 북덕불이라도 담겨 오면,/ 이것을 안고 손을 쬐며 재 우에 뜻 없이 글자를 쓰기도 하며,/ 또 문밖에 나가디두 않구 자리에 누워서,/ 머리에 손깍지벼개를 하고 굴기도 하면서' 잃어버린 것들, 그것들의 부재를 소처럼 되새김질한다. 그 되새김질이 시의 화자에게 불러오는 정서는 슬픔, 후회, 부끄러움 같은 것들이다. 시의 화자는 그 슬픔과 후회와 부끄러움에 눌리어 죽을 것만 같다.

그런데 그다음 순간 극적 전환이 일어난다. 그 극적 전환은 '잠시 뒤에 나는 고개를 들어,/ 허연 문창을 바라보든가, 또 눈을 떠서 높은 턴정을 바라보는' 행위로부터 시작된다. 이 시의 앞부분에서 화자의 시선은 자신의 내부를, 과거를 향해 있다. 그런 점에서 화자가 뒹굴거리는 방은 폐쇄된 공간이다. 이제 화자의 시선은 밖으로 통한 문창과 천장을 향한다. 무엇이 이런 전환을 가능하게 한 것일까? 이 물음에 답하기 위해서는 시의 앞부분을 다시 살펴야 한다.

시의 1~4행에서 화자는 가족이라는 뿌리의 상실과 부재를 노래하고 있다. 이 부재는 5~6행에서 화자의 존재를 위협하는 부정적 상황으로 치환된다. 그런데 부정적 상황은 결여를 안고 있지만 부재는 아니다. 소극적인 존재라고나 할까? 그러니까 1~4행의 부재가 5~6행에서는 소극적 존재로 진전된 셈이다. 이러한 진전을 바탕으로 7~8행에서 화자는 새로운 존재의 근거인 방을 마련한다. 이 방은 폐쇄적인 방이다. 9~15행으로 볼 때 상실과 부재를 되새김질하는 위라고도 할 수 있다. 이 위와 같은 방에서 소화시키는 역할을 하는 것은 달옹배기 화로를 안고 재 위에 뜻 없는 글자를 쓰기도 하고, 손깍지벼개를 하고 굴기도 하는 존재의 작은 행위들이다. 화자의 상실과 부재는 나 혼자도 너무 많다고 느낄 정도로 무수하다. 이 많은 상실과 부재를 소화해내기 위해 화자는 뜻 없는 작은 행위들을 끝없이 반복하고 있다.

16~19행으로 가면서 위와 같은 방은 터져나갈 듯한 상태가 된다. 9~15행의 되새김질을 통해 상실과 부재가 '내

가슴이 꽉 메어올 적이며,/ 내 눈에 뜨거운 것이 핑 괴일 적이며,/ 또 내 스스로 화끈 낯이 붉도록 부끄러울 적이며'와 같은 화자의 정서적 반응으로 치환되어 있기 때문이다. 화자의 정서적 반응은 부재에 대한 반응이지만 부재 자체는 아닌 소극적 존재이다. 이제 헌 삿을 깐 방은 이 소극적 존재들로 가득 차서 터져나갈 것 같다. 그래서 화자는 그 소극적 존재들에 눌리어 죽을 것만 같다고 느낀다. 바로 이 시점에서 이 시의 극적 전환이 이루어진다.

고개를 들어 허연 문창을 바라보든가 눈을 떠서 높은 천장을 쳐다보는 것은 화자의 시선이 폐쇄적인 방을 넘어 밖을 향하는 것이다. 그렇게 시야를 넓혀 보면 한 개인이 자기 삶을 자기 힘으로 자기 뜻대로 움직여 가는 것은 힘든 일이다. 그래서 화자는 '이것들보다 더 크고 높은 것이 있어서, 나를 마음대로 굴려 가는 것'을 생각한다. 백석의 시의 대부분 논자들은 이 구절을 운명론의 수용으로 해석한다. 그러나 비슷한 이야기를 하고 있는 「흰 바람벽이 있어」를 보면 이 구절은 운명론의 수용이라기보다는 시인으로서의 소명을 수용하는 것으로 해석하는 것이 타당하다.

―나는 이 세상에서 가난하고 외롭고 쓸쓸하니 살아가도록 태어났다
그리고 이 세상을 살아가는데

내 가슴은 너무도 많이 뜨거운 것으로 호젓한 것으로
사랑으로 슬픔으로 가득 찬다
　　그리고 이번에는 나를 위로하는 듯이 나를 울력하는
듯이
　　눈질을 하며 주먹질을 하며 이런 글자들이 지나간다
　　─하늘이 이 세상을 내일 적에 그가 가장 귀해하고 사
랑하는 모든 것들은
　　가난하고 외롭고 높고 쓸쓸하니 그리고 언제나 넘치
는 사랑과 슬픔 속에 살도록 만드신 것이다
　　초생달과 바구지꽃과 짝새와 당나귀가 그러하듯이 그
리고 또 프랑시스 잠과 도연명과 라이너 마리아 릴케가
그러하듯이
　　― 백석, 「흰 바람벽이 있어」 부분

　「남신의주 유동 박시봉방」의 화자는 시의 전반부에서 뿌리 잃은 외롭고 슬픈 삶에 대한 회한을 이야기한다. 그런데 이제 시야를 넓혀 보면 그 외롭고 슬프고 쓸쓸한 삶은 무언가를 위해 더 높고 큰 것에 의해 자신에게 주어진 것이다. 이렇게 마음을 먹자 마음속의 슬픔이며 한탄 같은 어지러운 것들이 앙금이 되어 가라앉고 외로운 생각만이 든다. 이제 폐쇄된 방은 위의 상태에서 알의 상태로 바뀐 셈이다. 전반부에서의 방이 소화해내야 할 개인적 회한들로 뒤죽박죽인 위라면, 후반부에서의 방은 가라앉을 것은 가라앉아 앙금을 이룬, 즉 노른자가 생긴 알이다. 이 알은 지금 깨어나려 한다. 그래서 밖으로부터 '나즛손에 쌀랑쌀랑 싸락눈이 와서 문창을 치기'도 하고, 안으로부터 '화로를 더욱 다가 끼며, 무릎을 꿇어보기'도 하는 것이다. 그리하여 알이 깨어지며 시의 화자는 '어니 먼 산 뒷옆에 바우섶에 따로 외로이 서서,/ 어두워오는데 하이야니 눈을 맞을, 그 마른 잎새에는,/ 쌀랑쌀랑 소리도 나며 눈을 맞을,/ 그 드물다는 굳고 정갈한 갈매나무라는 나무'를 본다. 그 갈매나무는 외롭고 슬프고 쓸쓸한 자리에 있으나 그 모든 것들을 수용하면서도 더 높이 서 있다. 이 갈매나무의 자리는 시인의 자리이자 지향점일 것이다.

제2의 탄생기誕生記로서의 백석의 시

I

「남신의주 유동 박시봉방」의 굳고 정갈한 갈매나무의 이미지는 읽는 이에게 매우 서늘하면서도 아름다운 모습으로 다가온다. 그만큼 갈매나무의 이미지는 강력한 아우라를 가지고 있다. 그 강력한 아우라는 이 시에 속하면서 이 시를 훨씬 넘어선다. 그것은 신화적 아우라다.

유라시아 초원을 이동하며 살아간 유목민들의 종교

적 상상력의 중심에는 우주 산과 그 꼭대기에 자라는 우주 나무가 있다. 유목민들은 사람이 죽으면 조상들의 산, 빛의 산으로 돌아가 조상들과 함께 살다가 다시 태어나고 다시 돌아가기를 반복한다는 영원 회귀 사상을 가지고 있었다. 이 영원 회귀하는 조상들의 산, 빛의 산이 바로 우주의 중심에서 하늘과 땅을 잇는 우주 산이다. 이 우주 산의 꼭대기에는 하늘까지 닿은 거대한 우주 나무가 자라고 있다. 이러한 신화적 골격은 우리의 단군신화에도 그대로 들어와 있다. 환인의 아들 환웅이 지상으로 내려오는 태백산 위의 신단수가 바로 그것이다.

우주 산, 우주 나무는 비단 유라시아의 유목민들뿐만 아니라 거의 모든 민족에게 나타나는 매우 보편적인 것이다. 불교의 수미산이 그렇고 북구 신화의 위그드라실이 그렇다. 또 뉴기니에서 원시적 이동 생활을 하는 한 부족은 항시 큰 나무 기둥을 가지고 다니는데 이 기둥이 바로 우주 산, 우주 나무와 동일한 의미를 갖는 우주 기둥이라고 한다. 그 부족은 이 기둥이 있는 한 자신들은 우주의 중심에 있어 안전하다고 믿는다.

시베리아 만주 일대의 우주 나무가 특이한 점은 그것이 샤먼 후보자가 샤먼으로 재탄생하는 나무라는 점일 것이다. 시베리아 소수민족들의 신화에서 샤먼이 될 자는 대개 매 등의 맹금류에 의해 우주 나무의 가지로 데려가져 알의 형태로 일정 기간 지낸 후 샤먼으로 재탄생한다. 샤먼이 될 자는 원인을 알 수 없는 신체적·정신적 병을 앓는데, 이것 때문에 마을로부터 떨어진 외딴 곳에 격리되어 지내게 된다. 그러다가 샤먼으로서의 소명을 받아들이면 입문 과정을 거치게 되는데 이때 거대한 매에 의해 우주 나무의 가지로 데려가져 알의 형태로 일정 기간 지내다가 샤먼으로 재탄생하게 된다. 이렇게 재탄생한 샤먼은 샤먼의 나무라는 자신의 나무를 갖는데 샤먼의 나무가 시들거나 죽으면 그 샤먼도 병들거나 죽는다. 샤먼은 우주 나무의 자식이며 샤먼의 나무는 우주 나무의 작은 분신이라 할 수 있다.

「남신의주 유동 박시봉방」은 이 샤먼 후보자의 샤먼으로의 재탄생 과정을 연상케 한다. 1~19행까지에서 시의 화자는 공동체로부터 격리된 외지고 쓸쓸한 곳에서 일종의 정신적 병을 앓고 있다. 그러다 20~23행에서 자신의 외롭고 슬프고 쓸쓸함이 자신의 힘으론 어쩔 수 없는 더 크고 높은 것에 의해 주어졌으며 거기엔 분명 무슨 까닭이 있으리라고 소명을 받아들인다. 그러자 마음속에 가라앉을 것은 차츰 앙금으로 가라앉아 알의 상태가 된다. 신화적 상상력을 덧붙여 말하자면, 거대한 매에 의해 우주 나무의 가지로 옮겨져 재탄생하기 위해 영혼의 알, 우주 알이 된 것이다. 그리고 마침내 알이 깨어지며 시적 화자는 갈매나무를 본다. 갈매나무는 우주 나무 자체일 수도 있고 우주 나무의 분신인 샤먼의 나무일 수도 있다.

    샤먼의 본질은 시인의 본질, 문학의 본질과 별로 다르지 않다. 샤먼은 샤먼이 되기 전에 무병을 앓는데 이 무병은 개인의 병 같지만 사실은 예민한 샤먼 후보자가 공동체가 안고 있는 문제를 먼저 앓는 것일 뿐이다. 이 무병은 샤먼 후보자가 샤먼으로서의 소명을 받아들이는 순간 낫는다. 즉, 자신이 겪는 아픔을 개인적인 것만으로 보지 않고 시야를 넓혀 공동체의 문제로 볼 때 아픔의 원인이 제대로 이해되어 낫는 것이다. 정신적인 데서 기인하는 아픔은 그 아픔의 이유를 이해하는 순간 낫는 법이다. 이러한 치유 과정을 통해 공동체의 핵심 문제를 발견한 샤먼 후보자가 공동체의 우주 중심에 있는 신성한 우주 나무에 가는 것은 당연한 일이다. 샤먼 후보자는 우주 나무에서 일정한 숙성 과정을 거친 다음 샤먼으로서 재탄생하여 자기 치유의 경험을 바탕으로 공동체의 구성원들을 치유한다. 그 치유란 투약 같은 것이 아니라 아픔을 가진 자로 하여금 더 넓은 시야로 자기 삶을 바라보게 함으로써 자기 아픔의 원인을 이해하게 하는 것일 뿐이다. 이러한 치유는 결국 공동체의 신성한 가치 중심인 우주 나무를 지키는 일이기도 하다. 어떤가? 이렇게 보면 샤먼의 본질이 시인의 본질, 문학의 본질과 너무도 똑같지 않은가?

암울한 자기 시대와 대결하는 방식에는 지사, 전사, 계몽가 등 여러 가지가 있을 수 있다. 백석은 그중에서 시인의 자리를 자각하고 오로지 시인의 자리를 선택한 시인이다. 오로지 시 하나로 시대의 모든 무게를 감당하려 했다. 그래서 그의 시는 시인으로서의 재탄생 과정 자체를 그린 것으로 읽힌다. 이 시인의 자리에 대한 자각 과정은 시를 넘어서 우리가 지켜야 할 신성한 것이 무엇인가를 참으로 선명하고 아름답게 보여준다. 그런 점에서 백석은 시인 중의 시인이다.

　　그의 시는 정글화 동물화해가는 지금의 현실 속에서 더욱 서늘하고 아름답게 다가온다. 우리 사회의 가파른 정글화 동물화가 그의 갈매나무를, 이 세상의 모든 갈매나무를 사정없이 처참하게 쓰러트리고 있기 때문일 것이다. 앞으로도 계속 이렇게 간다면 우리가 계속해서 인간일 수 있을까? 그의 시를 읽을 때마다 자괴감과 함께 떠오르는 질문이다.

붉은 악마의
서사적 정체성

신세대와 신화

기성세대의 새로운 세대에 대한 평가는 대체로 부정적이기 마련이다. 기성세대는 요즈음 아이들은 나약하다는 둥 버릇이 없다는 둥의 말들을 흔히 한다.

그런데 기성세대에게 걱정의 대상으로만 존재하던 새로운 세대가 그것을 어떻게 평가하는가에 상관없이 사회적 사건을 통해 무시할 수 없는 존재로 자신을 드러낼 때가 있다. 아마도 2002년 월드컵에서의 '붉은 악마'의 등장, 2008년의 촛불 시위 같은 사건이 이에 해당할 것이다. 그중에서 새로운 세대를 구체적으로 이해하는 데 더 도움이 되는 것은 촛불 시위일 것이다. 하지만 신화적으로 흥미가 가는 것은 붉은 악마이다.

붉은 악마는 '붉은색'의 상징, 셔츠에 그려진 치우 용 혹은 도깨비의 상징을 어디서 가져온 것일까? 그리고 그 상징들은 새로운 세대의 어떤 정체성을 말하고 있고, 어떤 사회 변화의 징후일까?

이 물음에 답하기 전에 우선 그 상징들이 정확한 것이며 매우 의미심장하다는 것을 밝혀두는 게 좋겠다. 붉은 악마는 어디서 어떻게 그런 정확한 상징을 찾아냈는지 신기하기까지 하다. 치우에 대한 이야기는 근래 고조선의 역사를 쇼비니즘적으로 확대 해석하는 이들이 자주 거론한 바 있으니 그럴 수 있다 치더라도, 치우 용의 모습을 도깨비와 동일시하는 것은 그 입증에 매우 전문적인 지식이 필요한 영역이다. 따라서 앞의 질문에 대답하기 위해서는 많은 우회로를 거쳐야만 한다.

용의 기원과 치우 용

용 하면 우리가 떠올리는 모습은 대체로 구불구불하고 거대한 뱀을 기본으로 하는 형상이다. 오늘날 우리가 흔히 보는 용의 그림이나 조각의 모양이 거의 다 그렇다.

하지만 좀 자세히 들여다보면 궁궐이나 절집 같은 데서 만나는 용이 모두 그러한 모습만 하고 있는 것은 아니다.

붉은 악마 티셔츠

우리가 쉽게 볼 수 있는 특이한 모양의 예로 비석을 짊어지고 있는 거북이 용을 들 수 있다. 이 용의 이름은 비희인데 너무 힘이 넘쳐서 늘 무거운 것을 지고 있어야만 한다. 그리고 사자 모양을 기본으로 하는 용도 있다. 조풍이란 용의 조각은 궁궐 같은 큰 집의 출구 계단 끝 양옆에 앉아 있거나 남대문, 동대문 같은 큰 문의 지붕에 앉아 있다. 두려움을 모르고 용감해서 모험과 여행을 즐기는 용이다.

그런데 용의 모양이 이렇게 다양하다면 도대체 용의 기원을 무엇으로 보아야 하는가? 용의 기원에 대한 일반적인 생각은 농경민들에게 가장 중요한 것이 비였던 만큼 비를 오게 하는 구름의 형상을 본떠 물의 신인 용의 모양을 상상해냈다는 것이다. 이러한 설명은 조풍이라는 용에게는 전혀 들어맞지 않는다. 사자가 구름이나 비하고 무슨 상관이란 말인가? 비희의 경우도 마찬가지다. 자라나 거북은 물에 사니까 물의 신이라고는 할 수 있겠지만 구름의 모양하고는 상관이 없다. 그럼 그 다양한 모양의 용들의 기원을 어떻게 설명해야 하는가?

고대의 부족들은 토템 동물을 부족의 수호신으로 모셨다. 이 토템 동물의 모습은 그 부족의 상징이기도 해서 부족들이 전쟁에 나설 땐 토템 동물의 모양을 새긴 깃발을 앞세웠다. 그런데 예를 들어 악어가 토템인 부족이 매가 토템인 부족을 병합하여 부족 연합을 이루면 어떻게 될까? 그런

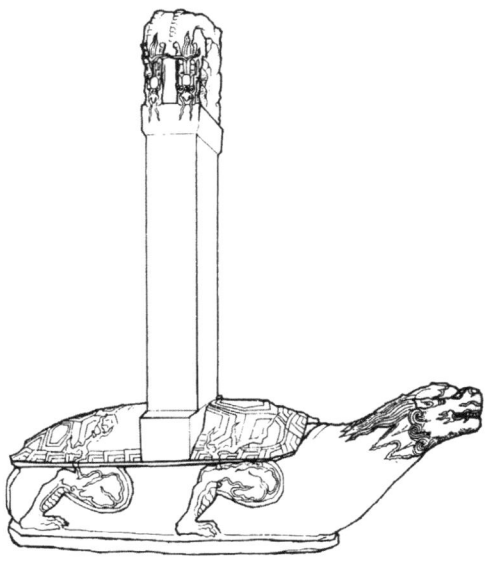

비석을 지고 있는 비희

조풍

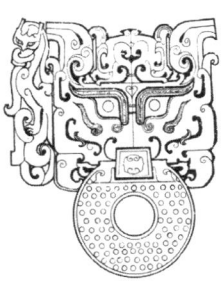

초도

경우 대개 정치적 통합을 위해 악어 모양을 기본으로 매의 특징적 모양을 합친 형상을 부족 연합의 상징으로 삼았다. 정복 활동을 통해 부족들의 연합이 이루어지면서 이런 방식으로 여러 토템 동물의 특징을 합한 상징적 동물이 탄생하게 되는데 그것이 바로 용이다. 그렇기 때문에 고대 용의 모양은 다양했다. 자라를 토템으로 하는 부족이 중심이 되어 이루어진 부족 연합의 깃발이 자라나 거북의 형상에 다른 동물의 특징을 합한 비희 용이 되고, 사자가 토템인 부족이 중심이 되어 이루어진 부족 연합의 깃발이 사자 모양에 다른 동물의 특징을 합한 조풍 용이 되는 식이다.

신화 시대에서 역사시대로, 부족 연합에서 고대국가로 넘어오는 시기에 지금의 중국 베이징 북쪽 탁록 들판에서 거대한 전쟁이 있었다. 당시의 중국 동해안 지역에는 알타이계의 유목 종족들이 들어와 정착해 살고 있었는데 중국에서는 이들을 동이족이라고 불렀다. 전쟁은 이 동해안 지역에 정착한 동이족 연합군과 황하 중상류 지역을 배경으로 활동하고 있던 황제족 연합군 사이에서 벌어졌다. 동이족 연합군의 주력은 악어를 토템으로 하는 치우족을 리더로 맹금류를 토템으로 하는 소호족, 소를 토템으로 하는 염제족이 연합해 있었다. 따라서 등이족 연합군의 상징은 악어 모양을 기본으로 맹금류의 발, 소의 뿔 두 개를 합친

도철

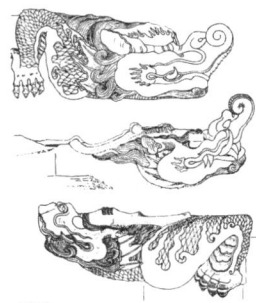

팔하

산예

형상의 용이었다. 이 용이 바로 치우 용이다.

치우 연합군은 황제 연합군에 계속 승리했으나 마지막 탁록 대전에서 패배했다. 황제는 치우의 불굴의 투혼이 되살아날까 두려워 치우의 시신을 토막 내어 여러 군데 나누어 묻었다. 그럼에도 치우의 투혼은 여전히 살아 있었던지 치우의 무덤 위엔 늘 붉은 안개가 깃발이 펄럭이는 모양으로 끼어 있었다고 한다. 사람들은 이 붉은 안개를 치우의 깃발이라 불렀다.

2002년 월드컵 응원 과정에서 나타난 붉은 악마의 붉은 티셔츠는 치우의 깃발, 즉 치우의 무덤 위에 깃발이 펄럭이는 모양으로 끼어 있던 붉은 안개를 상징한다. 그리고 티셔츠에 그려져 있는 험상궂은 모양은 치우 용이다. 악어를 정면에서 본 모습에 뿔이 두 개 달려 있는 모습인데 치우족의 토템 악어와 염제족의 토템 소를 합친 것이다. 발까지 그렸다면 소호족의 토템인 맹금류의 발을 그렸을 것이다.

치우 용과 도깨비

붉은 악마의 티셔츠에 그려진 치우 용을 사람들은 흔히 도깨비라고 한다. 왜 치우 용을 도깨비라고 부르는 걸까? 치우 용을 도깨비라고 부르는 게 맞는 걸까?

치우는 신화에서 머리는 구리로 얼굴의 반은 철로 덮였고, 모래와 돌과 철 덩어리를 먹으며, 도끼와 창과 화살 등을 잘 만든다고 묘사되어 있다. 이러한 묘사는 치우가 대장장이 왕임을 뜻한다. 고대국가의 왕들이 정치적 지도자이면서 동시에 종교적 지도자인 샤먼 킹이었음은 잘 알려져 있는 사실이다. 그런데 고대에는 대장장이도 샤먼과 같은 존재였다. "대장장이와 샤먼은 한동아리에서 나왔다", "대장장이는 샤먼의 큰형님이다"라는 시베리아 야쿠트족의 속담은 이를 말해준다. 또 우리나라 전라도 지역의 세습 무당 가계의 여자들이 대대로 무당이 되듯이 남자들은 대대로 대장장이가 되었다는 사실에서도 이를 짐작할 수 있다.

고대에 악어는 대장장이족의 토템이었다. 중국의 『산해경山海經』에는 '기'라는 외발 소가 나온다. 이 기는 대장장이족이 모시는 토템이었는데, 악어가 곧추서 있는 것을 옆에서 본 모습이 바로 외발 소 '기'라고 한다. 따라서 치우 용은 대장장이 왕의 상징이라 할 수 있다.

치우 용은 중국의 고대국가인 상나라의 대표적 용이었다. 상나라가 동이족이 세운 나라였기 때문이다. 치우 용은 상나라를 이은 주나라 전기까지 중심적인 용의 지위를 차지하다가 점차 주변적인 것으로 밀려났다.

치우 용의 모습이 다시 한 번 중요하게 부각되는 시기는 전국시대이다. 그러나 전국시대에 치우 용은 지배층의

기

용으로서가 아니라 민간신앙의 대상으로서 부활했다.

춘추시대가 부족들이 기본이 되는 부족 연합 왕국들의 시대였던 반면, 전국시대는 이미 부족이 해체되고 왕을 정점으로 하는 중앙 집중적 관료 체제가 자리 잡는 시기였다. 따라서 전국시대로 접어들면서 부족 연합에 기반을 둔 다양한 고대 용의 모습은 사라지거나 주변적인 것으로 밀려나고, 지배 권력의 절대적 권위를 상징하는 오늘날의 용의 모습이 나타나기 시작했다.

한편 주변적인 것으로 밀려난 고대 용들 중 치우 용의 모습은 그 특별한 기원 때문에 민간신앙의 대상으로 부활하게 된다. 끝없이 이어지는 전국시대의 전란으로 늘 생명의 위협 속에서 살아야만 했던 민초들은 치우를 자신의 목숨을 지켜주는 전쟁의 신으로 모셨다. 황제족 연합군에게 패배해 몸이 토막 나 여기저기 나뉘어 묻혔던 치우. 그럼에도 불구하고 깃발 형상으로 펄럭이는 안개를 통해 꺾일 수 없는 강인한 전의를 보였던 치우. 그는 일상화된 생명의 위협 속에서 아무 데도 기댈 곳이 없는 민초들에게 자신의 목숨을 지켜줄 전쟁의 신으로 받아들여진 것이다. 전국시대 전쟁의 신으로 모셔졌던 치우의 형상은 치우 용의 특징을 그대로 가지고 있다. 악어를 정면에서 본 험상궂은 얼굴, 머리에 난 두 개의 황소 뿔, 맹금류의 발은 치우족의 악어 토템, 염제족의 황소 토템, 소호족의 맹금류 토템의 특징을 합

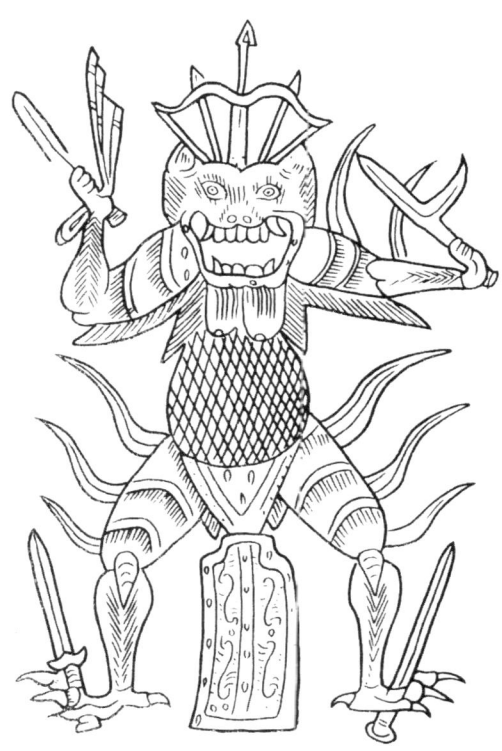

전신 치우 상

붉은 악마의 서사적 정체성

한 모습이다.

이렇게 전국시대에 전쟁의 신으로 모셔진 치우는 삼국시대에 우리나라에 들어왔다. 치우는 우리나라에 들어와서도 전신으로 모셔졌는데 그 사당이 지금도 남아 있는 곳이 있다. 그리고 전신 치우의 모습이 남아 있는 유물로 백제 귀문전을 들 수 있다. 백제 귀문전에 새겨져 있는 모습은 정면에서 본 악어의 머리, 황소의 뿔, 맹금류의 발을 가진 치우의 모습이다.

또한 치우 용의 모습은 전통 건축물 곳곳에 남아 있는데, 도깨비 모양이 그려져 있다는 귀면와, 전통 건축물에서 대문의 문고리를 물고 있는 초도, 향로의 다리가 시작되는 곳에 새겨져 있는 산예, 입에서 물을 뿜어내는 악어 모양의 예하 등이 그것들이다.

우리나라 사람들은 대체로 전신 치우 상, 귀문전, 귀면와, 초도, 산예 등 치우나 치우 용의 모습을 도깨비의 모습이라고 보아왔다. 궁궐의 문에 붙어 있는 초도를 보고도 도깨비라고 하고, 커다란 향로의 다리 윗부분에 새겨진 산예를 보고도 도깨비라고 하고, 귀면와, 귀문전의 문양을 보고도 도깨비라고 한다. 아마도 전신 치우 상을 보여주며 이게 뭐냐고 물어보면 십중팔구는 도깨비라고 대답할 것이다.

그런데 이렇게 치우, 치우 용을 도깨비로 보는 것이 맞는 것인가, 아니면 전적인 오해인가? 아니면, 도깨비가 워낙 모호한 존재라서 귀에 걸면 귀걸이 코에 걸면 코걸이 식으로 비슷한 것은 모두 포함할 수 있는 것인가?

대장장이 신과 도깨비의 기원

어촌에 가면 도깨비에게 수수팥떡을 바치며 풍어를 비는 풍습이 있는데 도깨비를 물 아래 김숲씨, 물 위의 김씨라고 부른다. 또 도깨비는 모두 김씨라는 말도 있다. 왜 도깨비는 모두 김씨일까? 영어권의 스미스 씨가 대장장이의 후예이듯이 도깨비 김씨 역시 대장장이 신의 후예가 아닐까?

전해지는 도깨비 이야기를 보면 도깨비는 외눈박이이거나 외다리인 경우도 있고, 왼쪽 다리가 약해서 씨름을 할 때 왼 다리를 걸면 이길 수가 있다. 이러한 도깨비의 특징은 대장장이의 직업병과 관련이 있는 것은 아닐까? 대장장이들은 이삼십 년에 걸쳐 한쪽 다리로 풀무를 밟으며 비스듬하게 서서 한쪽 눈으로 뜨거운 용광로의 불을 바라본다. 그러다 보면 풀무를 밟는 오른쪽 다리가 기형적으로 커져 절름발이가 되고 용광로의 열기에 노출된 한쪽 눈이 멀어 외눈이 된다.

또 도깨비는 내려다보면 한없이 작아지고, 올려다보면 한없이 커진다고도 한다. 서구 신화에서 땅속의 보물을 지키는 대장장이들은 대체로 난쟁이족이다. 중국의 『산해경』에서도 대장장이족들은 난쟁이로 흔히 등장하는데, 거꾸로 거인족으로 등장하는 경우도 많다. 도깨비의 무한히 작아지고 무한히 커지는 특성도 이와 관련이 있는 게 아닐까?

야철 기술의 발달은 비약적인 생산력의 발전으로 인간에게 풍요를 가져다주었다. 하지만 동시에 대량 학살의 전쟁을 가능하게 한 위험한 것이기도 했다. 그렇기 때문에 대장장이 신은 양면성을 갖는다. 풍요의 신이면서 동시에 전쟁과 파괴를 가져오는 악한 신이기도 했다. 우리나라의 도깨비 역시 희화화된 형태이긴 하지만 이러한 양면성을 가지고 있다.

위와 같이 살펴보면 우리나라 도깨비의 기원이 대장장이 신에 있을 가능성은 매우 높다. 이제 과연 그러한지 역사 기록을 통해 도깨비의 기원을 찾아보자.

도깨비의 이름이 처음 등장한 것은 신라에 대한 기록들에서다. 『신증동국여지승람』에는 다음과 같은 기록들이 나온다.

> 귀교鬼橋 : (……) 이해에 임금(진지왕)이 죽었다. 2년 뒤 그 여자(도화랑)의 남편도 또한 죽었다. 열흘이 넘은 뒤 밤에 죽은 진지왕이 평상시의 모습으로 여자의

방에 나타나 말하기를, "네가 전에 남편이 없으면 허락한다 하였으니 이제 되겠구나" 하고 7일 동안 머물다 홀연히 사라졌다. 여자가 드디어 임신하여 아이를 낳았으니 이름을 비형이라 하였다. 진평왕이 거두어 궁중에서 길렀다.

비형은 나이 15세가 되자 밤마다 성을 넘어 황천이라는 곳에 가 귀신들과 어울리다 새벽에 돌아오곤 했다. 진평왕이 병사를 시켜 몰래 엿보게 한 뒤 비형을 불러 "네가 귀신들과 더불어 어울린다는 게 사실이냐?" 하고 물으니, 비형이 "그렇습니다"라고 대답했다. "그렇다면 네가 귀신의 무리를 시켜 신원사 북쪽 도랑에 다리를 놓게 하여라" 하였더니, 비형이 그의 무리를 시켜 돌을 다듬어 하룻밤 사이에 큰 다리를 놓았으므로 귀교라 이름을 붙였다.

진평왕이 또 "귀신들 가운데 인간 세상에 나와 국가의 정치를 도울 만한 자가 있느냐?" 하고 물으니, "길달이란 자가 있는데 쓸 만합니다" 하였다. 다음 날 비형이 길달을 데리고 와 왕에게 보였다. 왕이 길달에게 벼슬을 내려 일을 시키니 과연 충직하기 비할 데가 없었다. (……) 하루는 길달이 여우로 변하여 도망하므로 비형이 귀신을 시켜 잡아 죽였다. 그 뒤부터는 그의 무리들이 비형의 이름을 들으면 두려워하여 달아났다. 그때 사람들이 노래 가사를 짓기를, "성제의 혼이 아들을 낳은 비형랑의 집이로다. 날고 달리는 모든 귀신은 이곳에 머물지 말라" 하였다. 경주의 풍속에서는 지금도 이 가사를 문에 붙여서 귀신을 쫓는다. 이것이 동경 두두리豆豆里의 시초이다.

영묘사靈妙寺 : 부(경주)의 서쪽 5리에 있다. (……) 신라의 선덕 여왕이 창건하였다. (……) 속설에 전하기를, "이 절터는 본래 큰 못이었는데 두두리의 무리가 하룻밤 사이에 메우고 드디어 이 불전을 세웠다"고 한다.

왕가창王家廠 : 부의 남쪽 10리에 있다. 사람들이 목랑木郞을 제사 지내는 곳이다. 목랑은 속칭 두두리라고 한다. 비형 이후로 세상에서는 두두리 섬기기를 매우 성대히 하였다.

하룻밤에 돌다리를 만들기도 하고 큰 못을 메우기도 하여 신라 시대부터 사람들의 신앙의 대상이 되었다는 두두리를 학계에서는 도깨비의 기원으로 보고 있다. 두두리가 오늘날의 도깨비와 같은 뜻의 말이라는 것이다. 그런데 '두두리'란 이름은 도대체 어디에서 온 것일까?

경상북도 영천 화북면에 가면 '두들', '두들못'이 있고, 대구 팔공산 제2석굴 부근에는 '두들골', 경상남도 울주군 두동면에도 '두들', '두들못'이 있는데, 이런 곳에는 전통적인 용광로 자리가 발견된다고 한다. 또 일본에서는 우리나라에서 전파된 전통적 야철 시설을 '다다라'라고 부르고, 백제나 신라인들이 야철 기술을 가지고 귀화하여 정착한 곳에 '다다라'와 유사한 지명이 많이 붙어 있다.

위와 같은 사실들에 비추어 볼 때 '두두리'는 '(쇠를) 두드리다'에서 온 말로 대장장이 신격을 가리키는 말이라 추정해볼 수 있다.

실제로 김씨에게 왕위를 넘긴 신라의 석탈해 왕은 대장장이 왕이었다. 석탈해는 동해의 감은포에 도달한 배에서 아이의 모습으로 나타나는데 이는 대장장이족이 난쟁이로 표현되는 것과 관련이 있다. 또 호공의 집에 몰래 숯을 묻어 놓고 자기 집안이 대대로 대장장이를 하던 터라 하여 빼앗는데, 이는 숨겨놓은 쇠를 찾는 대장장이 통과의례가 설화화한 것이라 볼 수 있다. 석탈해는 죽어서 토함산의 산신인 동악신東岳神으로 모셔졌는데, 동악신은 대장장이 신의 성격을 가지고 있었다. 이러한 석탈해 신화를 역사학자들은 다음과 같이 해석하기도 한다.

탈해족은 진한의 철로 천고에 유명한 감은포와 달천의 철산을 지배한 대장장이족으로, 처음에는 동해의 감은포 철광을 개발한 부와 물고기 소금으로 축적한 재부로 세력을 확장하여 토함산을 지배하고, 모화와 달천의 철산을 지배하여 축적한 국력으로 경주평야에 진출하여 호공족을 정복하고 월성과 계림을 대장 일의 성소로 한 지배 체제를 확립한 대장장이족이었다.

석탈해가 왕위를 물려준 김씨 역시 앞선 철기 문화를 가지고 들어온 유목 종족으로 계림을 발상지로 하고 있는 것으로 보아 대장장이족과 친연성이 있다. 두두리의 시초가 되는 비형은 이러한 계보에서 비정상적인 출생을 한 인물이다. 석탈해가 대장장이 왕이었고 죽어서 나라를 지키는 동악신이 된 데 비하면 두두리는 그 신격이 많이 격하되어 있다. 이는 대장장이의 신분이 사회적으로 격하됨에 따라 대장장이 신격도 격하된 것이라 볼 수 있는데, 제주도의 〈낙천 도채비당 본풀이〉를 보면 대장장이 신인 송도채비가 무뢰한, 망나니로까지 묘사되고 있다.

이와 같이 살펴보면 도깨비는 대장장이 신이 격하되어 희화화된 모습임이 분명하다. 그렇다면 치우 용이나 전신 치우를 도깨비라고 부르는 것을 틀린 것이라 할 수는 없다. 동북아시아에서 치우는 대장장이 신의 기원에 해당하기 때문이다. 그리고 전신 치우를 도깨비 형상의 원형으로 보는 것도 그리 틀린 것은 아니다. 두두리와 전신 치우는 한 동전의 양면이다. 철기 문화가 생산력의 비약적 발전을 가져왔기 때문에 대장장이 신은 풍요의 신이 되기도 하지만,

철기 문화로 인해 대량 살상이 가능해졌기 때문에 두려운 전쟁의 신이 되기도 한다. 우리가 머릿속에 떠올리는 도깨비의 형상은 농경 사회 풍요의 신으로서는 모습이 무척 우락부락하다. 그 사나운 모습은 아마도 전신 치우로부터 온 것일 게다. 두두리 설화가 나타나는 시기와 전신 치우가 우리나라에 들어오는 시기도 비슷하니 말이다. 도깨비는 그 성격으로 보면 농경 사회의 풍요의 신에 가까운데, 외모는 전쟁의 신과 같은 모습을 하고 있으며, 겨루기를 좋아하여 늘 씨름을 하자고 달려든다.

도깨비에 대한 두 가지 해석과 '붉은 악마'의 정체성

우리나라 학계의 도깨비에 대한 일반적 해석은 그 기원을 농경 사회 내로 제한하여 풍요의 신으로 보는 것이다. 두두리가 목랑木郎이라는 기록에 착안하여, 도깨비를 절구통의 절굿공이를 가리키는 '돗구'란 말에 '아비'란 말이 붙어 생긴 말로 보는 학설 등이 대표적이다. 도깨비의 기원을 대장장이 신이라고 보는 학설은 주류적 흐름은 아니다. 하지만 이 두 가지 학설은 어떤 게 절대적으로 맞았다 틀렸다 할 수 있는 것은 아니다.

중국 소수민족의 신화 중에 대장장이 신이 풍요의 신

역할을 하는 이야기가 있다. 그 종족이 사는 마을 부근에 화산이 있는데 그 종족을 수호하는 대장장이 신은 그리스 신화의 대장장이 신 헤파이스토스처럼 분화구 안에 살며 거대한 양의 머리뼈를 모루 삼아 쇠를 다룬다. 이 종족은 겨울에 내리는 눈이 분화구 안에 사는 대장장이 신이 모루를 두들겨 담금질을 하기 때문에 오는 것이라고 믿는다. 그래서 그 대장장이 신이 열심히 쇠를 다루어 눈이 많이 오면 다음 해에 풍년이 들고, 쇠 다루는 일을 게으르게 하면 눈이 조금 와서 흉년이 든다고 믿는다. 대장장이 신이 농사의 풍요의 신으로 이행해가는 과도기적 모습을 볼 수 있다.

그렇다면 도깨비의 기원을 농경의 풍요의 신으로 보는가, 대장장이 신으로까지 올려 보는가는 역사를 농경 사회 이후로 제한해 보는가, 농경 사회 이전까지 확장해 보는가의 차이이지 절대적으로 맞고 틀리고의 문제는 아닌 것이다. 그런데 이러한 역사를 보는 관점의 차이는 어디에서 오는 것일까?

도깨비의 기원을 농경의 풍요 신을 넘어 대장장이 신으로까지 거슬러 올라가는 것은 우리 역사와 문화의 기원을 과거 중화주의, 소중화주의의 틀을 넘어 유목의 시대로까지 확장하는 것이다. 돌궐족은 대장장이 족속이었고, 돌궐족의 시조 신화를 수용한 몽골족 역시 자신의 기원을 대장장이족에 두었으며, 앞선 청동기 철기 문화를 중국, 만주,

한반도에 전파한 것이 유목민들이었으니 그럴 수밖에 없다.

그런데 이렇게 우리 역사와 문화의 기원을 유목의 시대로까지 확장하는 것은 우리 사회를 지배해왔고 지배하고 있는 동일률의 논리에 어긋난다. 과거 우리나라는 중국을 모델로 해서 중국과 동일하게 되려는 동일률의 논리가 지배했다. 이것이 소중화주의이다. 지금은 서구, 특히 미국을 모델로 해서 그와 같아지려는 동일률의 논리가 우리 사회를 지배하고 있다. 그 대상은 변했지만 동일률의 논리에는 변함이 없다. 이러한 동일률의 논리에 따르면 우리 역사와 문화의 기원을 유목의 시대로까지 거슬러 올라가는 것은 스스로를 오랑캐로 비하하는 것이거나 덜 문명화된 종족의 미신을 좇는 무가치한 일이 된다. 이러한 거부감은 단순한 논리적 추론이 아니라 엄연히 존재하는 현실적 벽이다.

좀 우스운 예이지만, 경주 김씨의 기원은 객관적 자료들을 따라 추적해보면 흉노족에 있다. 만리장성 외곽을 오가던 흉노족의 한 갈래가 앞선 철기 문화를 가지고 들어와 신라의 지배 종족이 된 것이다. 그렇지만 학자들은 공식적으로 경주 김씨의 기원이 흉노족에 있다고 밝히지 못한다. 그러한 사실을 모욕으로 받아들여 야기되는 반발이 만만치 않기 때문이다. 또 다른 예로 동북아시아 신화를 바탕에 깔고 있는 내 동화 『고양이 학교』에 대한 어른들의 반응을 들 수도 있다. 어른을 대상으로 한 강연에 가면 꼭 "저는 기독교 신자인데요, 그런 건 미신이 아닌가요?"라는 질문을 받곤 한다. 우리의 삶을 조금만 깊이 들여다보면 동일률의 논리가 얼마나 완강하게 우리의 삶과 의식을 지배하고 있는가를 어렵지 않게 알 수 있다. 이러한 상황 속에서 '붉은 악마'의 등장은 참으로 유쾌한 반란이 아닐 수 없다. 우리 문화의 핵심 코드라고 할 수 있는 도깨비의 기원을 단번에 유목 시대로 끌어올려 기정사실화함으로써 우리 사회를 완강하게 지배하고 있는 동일률의 논리에 충격을 주었으니 말이다. 더구나 붉은색의 상징이 냉전 시대의 레드 콤플렉스를 단번에 날려버리는 효과도 있었으니 더욱 그렇다.

그런데 '붉은 악마'의 상징으로 나타난 유쾌한 반란이 일시적이고 우발적인 것이 아니라면 그 방향성이 무엇인가를 묻지 않을 수 없다. '붉은 악마'라는 상징은 새로운 세대의 어떤 징후를 드러내고 있으며, 어떤 방향성을 가지고 있는 것일까?

'붉은 악마'의 가능성과 흔들리는 정체성

동일률의 논리는, 큰 변화가 없는 시기에는 사회 구성원들에게 다소 획일적이긴 하지만 쉽게 안정적인 정체성을 부여하고, 그럼으로써 사회적 에너지를 쉽게 동원하고 집중시키는 장점이 있다. 하지만 큰 변화가 있는 시기에는 편향적인 경직성을 보여 변화하는 현실에 적응하지 못하여 일을 크게 그르치는 단점이 있다. 그간의 우리 역사가 보여주는 것이 바로 그러한 단점으로 인한 좌절이다.

역사적으로 보면 우리나라가 크게 기로에 놓인 때는 우리나라를 둘러싼 대륙 세력과 해양 세력 간의 세력 관계가 바뀌던 시기였다. 정묘호란, 임진왜란, 구한말, 해방 국면이 다 그런 시기였다. 이런 시기에 우리는 그 세력 관계를 주체적으로 활용하지 못하여 번번이 고난을 겪었다. 일본의 세력이 커져 대륙으로 진출하려던 시기에 일본을 왜구 오랑캐라고 안중에도 두지 않다가 임진왜란을 겪었고, 세력이 커진 청나라가 해양을 향해 세력을 뻗어나가려는 시기에 청나라를 오랑캐라고 무시하고 '증화인 명나라의 정통성을 오히려 소중화인 우리가 지킨다'는 명분론에 빠져 참혹한 전란을 겪었다. 서구와 일본의 해양 세력이 압도적 힘을 가지고 대륙으로 진출해 오던 구한말에도 동일화의 대상을 청나라로, 러시아로, 일본으로, 서구의 어느 나라로 설정하는 세력들이 접점 없이 사분오열되어 일제 식민지로 전락하였고, 해방 국면에서도 동일화의 대상을 미국과 소련으로 하는 세력들이 분열되어 분단을 맞이했다.

지금은 우리가 생활 속에서도 쉽게 느낄 수 있듯이 냉전의 해소와 중국의 부상으로 다시 한 번 대륙 세력과 해양 세력 사이에 큰 세력 관계의 변화가 일어나는 시기이다. 동일률의 논리를 넘어서 세력 관계의 변화를 주체적으로 활용하지 못하면 다시 한 번 고난의 역사가 반복될 수 있는 시기인 것이다. 이러한 시기에 새로운 세대가 동일률의 논리를 가볍게 넘어서 새로운 정체성의 단초를 보인 '붉은 악마'는 의미심장하고 긍정적인 가능성을 보여준다.

하지만 '붉은 악마'는 현재로서는 가능성의 단초 이상은 아닌 것 같다. 오히려 최근 수년간 '붉은 악마'가 보여주었던 새로운 정체성은 크게 흔들리고 있는 것 같다. 그것은 우리 사회에서 최근 수년간 동일률의 논리가 급격히 강화되었기 때문이다.

지금의 시기는 이미 사라진 명나라의 정통을 이어받은 소중화로서 청나라를 오랑캐로 멸시하다가 참혹한 전란을 겪었던 정묘호란 때를 연상케 한다. 사라진 명나라를 섬기듯이 사라진 냉전 체제를 섬기며 그 정통성을 홀로 이어받고 있음을 자랑하듯 천안함 사태, 백령도 사태와 같은 남북 간 일촉즉발의 위기를 야기하는 것은 우리의 생명과 자산을 외세가 자기 이해관계에 따라 언제든지 활용할 수 있도록 헌납하는 것과 다름이 없다.

또 미국, 일본, 유럽의 경제가 한계에 도달한 상태에서 남북 간의 화해와 경제협력을 바탕으로 남북과 대륙을 잇는 철의 실크로드를 개척하여 대륙으로 진출하는 것이 우리 경제의 중장기적 활로임에도 불구하고, 그것을 원천적으로 차단함으로써 젊은 세대가 자기 운명을 개척해갈 길을 봉쇄하고 있다.

게다가 재벌 대기업들이 이미 고용 없는 성장 단계에 들어서 재벌의 성장이 갖는 국내적 경제 효과가 적고 일자리의 창출을 위해 중소기업과 중소기업형 신기술 개발이 절실함에도 불구하고, 각종 규제의 완화, 환율 조작, 비정규직의 확대 등을 통해 부를 재벌 대기업에 집중시킴으로써 청년 실업을 구조적으로 심화시키고 있다.

재벌은 근래에 급격히 축적한 부를 생산적인 데 투자하지 않고, 하청 중소기업의 계열화, 유통에서 소매 영업망의 장악 등으로 오히려 서민층과 젊은 세대의 생업의 길을 막고 있다. 그럼에도 불구하고 재벌은 이미 정부의 통제가 어려운 지경으로 커버렸다.

이렇게 생업의 문이 좁아지면서 교육 경쟁은 날로 심해지고 그 비용 또한 생계에 큰 부담을 주고 있다. 이와 같은 상황은 젊은 세대를 절망으로 몰아넣어 '붉은 악마'로 나타났던 새로운 정체성의 가능성을 압살하고 흔들기에 충분하다.

이렇게 보면 최근에 전개되고 있는 대학생들의 반값 등록금 요구 투쟁은 단순한 등록금 투쟁이 아니라 자신들의 새로운 정체성을 압살해 오는 앙시앵레짐, 동일률의 논리에 대한 더 이상 물러설 수 없는 저항의 단초처럼 보이기도 한다. 한국 사회는 2012년에서 2013년 초 사이에 다시 한 번 커다란 경제적 어려움을 겪을 것으로 보인다. 그러한 어려움을 겪는다면 그것은 그간의 아파트 투기 열풍과 그에 따른 부동산 거품, 가계 부채 때문일 것이다. 그러한 어려움을 겪으면서 붉은 악마로 표출되었던 새로운 세대의 정체성이 어떠한 모습으로 나타날지 자못 궁금하다.

간달프인 줄 알았더니 오르크였네?

신화는 어떻게
재해석되고 재창조되는가?

난 오르크야

내가 처음 『반지의 제왕』을 읽은 것은 1980년대였다. 그때는 『반지의 제왕』이 『반지 전쟁』이란 제목으로 출간되었는데 그다지 사람들의 주목을 받지 못했다.

한 친구가 우리나라에선 주목을 받지 못하고 있지만 영국 등에선 대단히 유명하고 특이한 소설이라고 추천해 읽게 되었는데, 그 당시엔 이게 무슨 소린가 할 정도로 낯설었다. 1980년의 광주 항쟁이 내연하면서 변혁 운동으로 나가고 있던 시기이니 그렇게 느껴진 게 당연할 것이다. 하지만 불길이 속으로만 번질 뿐 군사정권의 칼날 아래 숨죽인 채 뚜렷하게 할 수 있는 일이 아무것도 없어 답답하기만 한 시절이었다. 한여름의 무더위도 이길 겸 시간 죽이기로 그

책을 읽었다. 처음엔 너무 낯설어 진도가 잘 안 나갔는데 읽다 보니 재미있었다. 책도 열 권이나 되어서 시간 죽이기에 안성맞춤이었다.

재미있는 소설을 읽다 보면 대부분의 경우 소설 속의 주인공 중 하나에 자기를 동일시하기 마련이다. 아마도 『반지의 제왕』을 읽는 독자 중의 많은 수는 백마술사인 간달프에게 자기를 동일시할 것이다. 꼭 간달프가 아니더라도 요정족이나 귀환하는 인간족의 왕 등등에 자기를 동일시할 것이다. 그래서 소설 속에서 악의 축으로 그려지고 있는 오르크, 사루만, 사우론이 괴멸당하는 장면들에서 환호하기 마련이다. 나도 『반지의 제왕』을 처음 읽을 때 그랬다. 나는 간달프와 나를 동일시하면서 재미있게 읽었다. 결말은 드디어 악의 축인 사우론이 괴멸되고 우리 편의 승리였다. 만세!

그렇게 『반지의 제왕』을 읽고 나서 한 10년 이상 까맣게 잊고 있었다. 그러다 1990년대 들어 혼자서 동북아시아의 신화를 공부하기 시작하면서 『반지의 제왕』을 다른 각도에서 다시 생각하게 되었다. 우선 드는 생각은 『반지의 제왕』 저자인 톨킨은 신화를 깊이 공부한 사람이라는 거였다. 소설에 나오는 명칭들 하나하나에도 신화적 의미가 담겨 있는 경우가 많았다. 그다음 든 생각은 톨킨은 철저하게 서구인, 더 정확하게는 영국인의 입장에서 신화를 재해석하고 있다는 것이었다.

『반지의 제왕』에 나오는 흑마술사 '사루만'이란 명칭은 샤먼, 즉 무당을 뜻하는 '살만'의 음을 약간 변형시킨 것이고, 사우론은 샤먼에 깃드는 몸주신 '사온'의 음을 약간 변형시킨 것이다. 고대에 유럽을 침공하여 게르만족 대이동을 불러일으킨 훈족의 종교가 '살만', '사온'을 축으로 하는 샤머니즘이었다. 훈족의 침입은 서구인들에게 엄청난 충격과 공포를 자아냈던 모양인지 역사 기록이나 신화, 전설에 깊은 흔적을 남기고 있다.

　『반지의 제왕』에 나오는 오르크 역시 나에게는 서구인의 무의식에 깊이 남아 있는 훈족과 훈족에게서 느꼈던 공포감의 형상화로 읽혔다. 훈족 침공 당시에 서구인들은 훈족의 무기인 아케나스 검에 대해 엄청난 공포감을 느꼈다고 한다. 훈족의 군신軍神을 모시는 제의를 보면 서구인의 아케나스 검에 대한 공포감이 이해되기도 한다. 통나무를 쌓아 거대한 제단을 만들고 그 꼭대기에 아케나스 검을 꽂아놓는데 이 칼이 군신의 몸체였다. 제의는 잡아 온 포로의 피로 통나무 제단을 적시며 진행되었다. 아케나스 검이 질풍노도처럼 밀려오는 훈족 전사들의 군신이기도 하니 공포감을 느낄 만도 하다.

　『반지의 제왕』에서 오르크가 생겨나는 과정이 땅 밑에서 철을 녹이는 야장 작업과 결합되어 있다든지, 흑마술사인 사루만의 탑이 철로 만들어진다든지 하는 형상화는 이 아케나스 검에 대한 공포감이 촐기에 대한 공포감으로 확대되어 표현된 것일 게다.

그런데 우리나라 신라의 왕족이었던 경주 김씨는 만리장성 언저리에서 이동해 온 흉노족의 후예라고 한다. 이리저리 흩어지던 흉노족의 한 지류가 앞선 철기 문명을 가지고 한반도의 남쪽으로 이동해 들어온 것이다. 석씨에 이어 김씨가 신라의 왕이 된 미추왕 때부터 중국의 제도를 받아들였던 법흥왕 전까지 존속했던 신라 금관은 그에 대한 방증이라 할 수 있다. 신라 금관은 박트리아 왕국의 금관이나 시베리아에서 발굴된 흉노 귀족의 금관과 공통점이 많고, 시베리아 만주 지역 샤먼의 모자와도 모양이 비슷하다.

신라 금관은 북방 유목민들의 신화 구조를 잘 보여주는 유물이다. 사람이 죽으면 서쪽 멀리에 있는 조상들의 산으로 돌아가 조상들과 함께 살다 다시 태어나고 다시 돌아가기를 반복한다는 영원 회귀 사상은 북방 유목 신화의 기본 골격이다. 이 신화의 중심에 자리 잡고 있는 조상들의 산은 세계의 중심에 있는 우주 산이며, 그 꼭대기에서 자라는 우주 나무와 함께 하늘과 땅을 잇는 하늘 사다리 역할을 한다. 신라 금관은 둥그런 테에 산山 자를 여러 개 겹쳐놓은 것 같은 모양, 나무 모양, 사슴뿔 모양 등의 장식이 달려 있다. 이 장식은 모두 유목 신화의 중심을 이루는 우주 산, 우주 나무를 나타낸 것이다.

『반지의 제왕』에서 이 우주 산은 절대반지를 던져 넣어 파괴하는 화산으로 구체화되어 있다. 우주 나무는 돌이나 철 등의 광물질 탑으로 대체되어 있다. 오르크를 혐오스럽고 두려운 철기 문명적 존재로 그리다 보니 그러한 변형이 불가피했을 것이다.

고대에 서쪽으로 가서 게르만족의 대이동을 불러일으켰던 서흉노족은 유럽인들에게 훈족이라 불렸고, 동쪽으로 온 본류는 한자로 표기되어 흉노족으로 불렸다. 나는 흉노족의 후예인 경주 김씨다. 그렇다면 나는 『반지의 제왕』에서는 꼼짝없이 정통 오르크에 해당한다.

"뭐야? 간달프인 줄 알았더니 오르크였네?"

나는 책을 들여다보다 혼자서 히히 웃었다.

그런데 이 글을 읽는 분들 중 그건 당신 이야기일 뿐이지 하고 안심하는 분이 계실지도 모르겠다. 절대 안심하지 마시기 바란다. 여러분도 예외 없이 오르크 부대의 졸병이거나, 최소한 오르크 부대 동맹군의 졸병으로 악의 축 범주를 결코 벗어날 수 없으니까 말이다.

톨킨은 철저하게 서구인, 더 좁혀 말하자면 앵글로색슨족의 관점에 서서 신화를 재해석, 재창조하고 있다. 그러한 구도 속에서 우리 같은 족속은 코스모스를 위협하는 카오스로서 절대적 타자일 수밖에 없다. 모르고 시간 죽이기로 가볍게 읽으면 『반지의 제왕』은 재미있는 소설인데, 신화에 대해 깊이 알면 읽기에 참 난감한 소설이다. 이 난감함은 신화를 해석하는 입장과 관점의 차이에서 오는 것일 게다.

한바탕 웃고 지나갈 만한 걸로 예를 들긴 했지만, '신화는 고정된 실체가 아니라 늘 재해석, 재창조되는 것이다'라는 명제는 새겨둘 만하다. 그런 재해석, 재창조 속에는 일정한 관점들이 들어 있다. 그 다른 관점들이 서로 길항하며 신화를 현재 속에 살아 있게 한다.

서구 판타지의 기원과 자본주의

한국의 독자들에게 주목받지 못하던 『반지의 제왕』이 갑자기 주목받기 시작한 것은 2000년대 들어서며 『해리 포터』 시리즈가 불러일으킨 선풍적인 판타지물의 인기 때문이었다. 물론 서구의 판타지물은 그 이전에도 책이나 영화를 통해 익숙해져 있는 터였지만 붐을 일으킨 것은 『해리 포터』 시리즈가 처음이었던 것 같다.

잊을 만하면 리메이크되어 찾아오는 서구 판타지물의 단골 메뉴는 대개 네댓 가지 정도로 압축된다. 마녀와 마법사, 늑대 인간, 신들림, 진정한 왕의 귀환, 중세 기사들의 모험 등이 그것이다. 『해리 포터』 시리즈와 『반지의 제왕』

역시 이 테마들의 범주 안에 있다. 이외에도 흡혈귀 이야기 같은 게 있지만 그건 맥락이 조금 다르니 다음 기회에 이야기하기로 하자.

왜 위와 같은 테마들이 서구 판타지에 단골로 등장하게 된 걸까? 그 기원은 자본주의의 맹아가 싹트고 성장하는 15세기에서 18세기의 서구로 거슬러 올라간다.

서구에서 자본주의가 싹트고 성장하는 과정이 기독교의 팽창과 함께 진전되었음은 잘 알려진 사실이다. 서구의 중세가 기독교의 시대로 알려져 있지만 15세기 이전까지 기독교의 영향력은 주로 도시 지역에 한정되어 있었다. 15세기 이후 서구 사회에서 자본주의가 성장하면서 기독교도 도시 지역을 넘어 농어촌 등의 변경 지역으로 팽창해가기 시작한다. 이 공간적 팽창 과정에서 기독교는 장애물을 만나게 된다. 그 장애물은 다름 아닌 민간신앙으로 존재하고 있는 샤머니즘이다. 기독교는 이 샤머니즘이라는 타자를 맹렬하게 공격하는데 그것이 마녀사냥으로 알려져 있는 종교재판이다.

서구에서 샤머니즘은 농사의 풍요를 기원하는 민간신앙 속에 깊이 뿌리내리고 있었다. 즉 농사가 시작되기 전 일정 기간에 씨앗을 탈취해가려는 흑마술사와 그것을 지키려는 백마술사 간에 치열한 전투가 벌어지는데, 여기서 백마술사가 씨앗을 지켜내면 그해의 농사가 풍년이 들고 지키지 못하면 흉년이 든다는 믿음이 널리 퍼져 있었다. 마녀와 남자 마법사인 베난단티, 베난단티의 변형인 늑대 인간의 원래 모습은 농사의 풍요를 지켜내는 백마술사로서 긍정적 존재들이었다. 그런데 기독교의 공격을 받으면서 악마와 계약을 맺은 부정적 존재로 왜곡되었다.

이러한 장애물로 등장한 샤머니즘의 제거에는 근대적 지식 권력의 터를 닦고자 하는 의미가 담겨 있다. 예컨대 중세의 샤먼들은 민간 의술의 담당자였는데, 마녀사냥이 이 민간 의술 담당자를 제거함으로써 중앙 집중적인 근대 의학 권력이 자리 잡을 수 있는 터를 닦았다고 할 수 있다. 신들림 현상은 기독교가 내부를 향해 권력을 강화해가는 과정에서 나타났다. 기독교 세력의 확대는 밖으로 변경 지역을 향했을 뿐만 아니라 내부로 개인의 내면에 대한 통제 강화로 나타났다. 개인의 내면에 대한 통제 강화는 특히 수도원과 수녀원 등 기독교 중심부에서 진전되었는데, 고해성사와 양심 고백의 강화를 통해 이루어졌다. 고해성사와 양심 고백의 주 내용은 간음하지 말라는 계율의 문제로 좁혀지다가 결국 간음 중에서도 자위행위로 집중되었다. 수도원의 수녀들은 일주일에 한 차례씩 고해성사, 양심 고백을 겪으면서 자신의 자위행위와 그 자위행위 시의 정신적 상황 등에 대해 담당 신부에게 상세히 털어놓아야 했다. 이러한 정신적 통제에 대한 무의식적 저항으로 특히 원장 수녀 등 간부 수녀들에게서 신체적 발작이 일어났는데, 이 신체적 발작을 악마에 의한 신들림으로 규정한 것이다. 이 신들림은 화형으로 처벌되기도 하였다. 하지만 기독교는 이 신들림 현상으로 인해 갈수록 위기 상황에 빠지게 되었다. 신들림 현상이 수녀들 사이에 걷잡을 수 없이 번져갔기 때문이다. 기독교는 결국 이 위기 상황을 타개하기 위해 수녀들의 신체적 발작을 신들림이 아니라 일종의 신경증이라 규정하여 종교적 대상에서 정신의학의 대상으로 넘겨버렸다. 이를 계기로 근대 정신의학 권력이 자리를 잡게 되었다. 그리고 자위행위에 대한 공격은 아동 자위행위 방지 캠페인으로 확대되어 근 100년 동안 지속되었는데, 유아기의 자위행위를 성인의 모든 정신적·육체적 질병의 원인으로 공격하며 부모의 유아에 대한 감시를 촉구하였다. 이 캠페인은 부모의 관심을 아이에게 묶어놓는 결과를 가져왔고, 그를 통해 부부와 아이가 중심이 되는 핵가족 형성에 기여하였다.

서구 자본주의가 성장해감에 따라 근대 민족국가 형성에 대한 내적 요구가 나타나게 되는데, 서구의 나라들은 종족적으로 매우 복잡한 상황이었다. 영국은 과거 전쟁에서 승리한 이민족인 노르만족이 왕권을 차지하여 상위 귀족 계층을 형성하고, 토박이인 색슨족은 하위 귀족 계층과 평민 계층을 구성하였다. 그렇기 때문에 영국에서 근대 민족국가 형성에 대한 요구는 색슨족의 노르만족에 대한 종족 전쟁의 형태로 나타날 수밖에 없었다. 이 종족 전쟁의 이데올로기는 과거 전쟁에서의 패배와 굴종의 쓰라림, 진정한 왕의 귀환과 색슨적인 법체계 회복으로서의 미래 유토피아, 그리고 그를 통한 설욕과 복수였다. 이러한 종족 전쟁의 이데올로기 바탕에는 기독교 메시아주의가 자리 잡고 있었다.

프랑스의 경우는 종족 전쟁의 양상이 영국보다 훨씬 복잡하였다. 프랑스의 귀족계급은 과거 프랑스 지역을 정복했던 게르만족 무사 집단(프랑크족)에 그 뿌리를 두고 있다. 이 게르만족 무사 집단은 전시의 수장인 왕을 중심으로 정복 전쟁을 벌였다. 전쟁이 끝난 뒤에 무사 집단이 자기가 정복한 지역을 각각 나누어 영주로서 지배하게 되면서, 직접 관할하는 군대가 없었던 왕은 상징적 존재로 허구화되었다. 이것이 영주가 각 지역을 분할 지배하는 봉건 체제다. 프랑스가 근대로 넘어오는 과정에서의 종족 전쟁은 허구화된 왕이 제3계급과 연합하여 봉건 귀족계급을 제압함으로써 절대왕정을 형성해가는 형태로 진행되었다. 이 과정에서 게르만족 무사 집단에 뿌리를 두고 있는 귀족들은 왕과 평민인 제3계급의 협공에 대항하여 왕을 향해서는 자유를, 제3계급을 향해서는 정복자로서의 지배 권리를 주장하였다. 프랑스 귀족들의 종족 전쟁 이데올로기는 기독교 메시아주의를 바탕으로 하여 계약을 위반한 왕에 의한 부당한 권리 침탈과 굴욕과 자유의 상실, 자유와 위엄의 회복을 약속하는 미래 유토피아와 잔인한 복수의 모습을 띠었다.

이와 같이 서구 판타지의 테마들은 그 기원에서부터 서구 자본주의의 출현, 성장과 깊은 관련을 맺고 있음을 알 수 있다. 그렇기 때문에 서구 판타지의 테마들은 적어도 서구인들에게는 많건 적건 이데올로기적 울림을 가져다준다. 그중에서 이데올로기적 울림이 비교적 덜한 것은 마녀라는 테마와 중세 기사들의 모험이라는 테마일 것이다. 자본주의와 기독교가 변경에 잔존하는 샤머니즘에 대해 벌였던 전쟁은 이미 끝난 지 오래되었고, 저항하는 잔존 세력도 없기 때문에 마녀라는 테마는 단순히 유희적 상상력의 모티프로 작용하거나 다른 테마들과 결합하여 장식적 요소로 작동하는 경우가 많다.

게르만 무사 집단에 뿌리를 둔 프랑스 귀족들의 종족 전쟁 이데올로기를 곰곰이 들여다보면 나치의 게르만주의와 유사하다는 느낌을 받는다. 그러나 중세 기사들의 모험이라는 판타지 테마가 그러한 이데올로기적 울림을 강하게 가지고 있지는 않다. 이는 중세의 프랑스 귀족들은 프랑스가 근대사회로 이행하는 과정에서 이미 제거되었기 때문이다.

그러나 나머지 두 가지의 테마는 지금도 여전히 이

데올로기적 울림을 가지고 있다. 신들림의 테마는 자본주의 근대사회가 구축한 개인의 정신에 대한 통제 시스템, 위협 요인으로 간주하여 배제하고자 하는 정신 질환자 등 비정상인을 둘러싼 우생학적 내부 인종주의와 관련된다. 우리가 냉전이 극에 달했던 어린 시절에 공산주의를 어떻게 상상했던가를 회상해보면 신들림의 테마가 갖는 이데올로기적 울림을 금방 이해할 수 있다. 우리는 북쪽에 악마적 존재가 있다고 상상하지 않았던가? 그래서 공산주의자가 된다는 건 그 악마적 존재에 의해 신들리는 거라고 상상하지 않았던가? 그리고 경찰, 국가안전기획부, 국군보안대 같은 정보 기구들을 이 신들린 자들에게서 악마적 존재를 몰아내는 퇴마사 같은 존재라고 상상하지 않았던가? 냉전 체제 아래서 대중의 마음속에 심어진 이런 신들림에 대한 공포감, 그러한 심리적 상상의 구조가 없었다면 『퇴마록』이라는 판타지 오락 소설이 그렇게 많이 읽히기는 어려웠을 것이다.

진정한 색슨족 왕의 귀환이라는 테마는 단순히 판타지의 테마에 머물지 않고 백인 우월주의를 바탕에 깔고 있는 기독교 근본주의 등의 현실적 힘으로 작동하고 있다. 부시 대통령이 그 영향권에 있었고, 이라크 침공 시 그에 입각한 발언으로 물의를 빚었던 것은 주지의 사실이다. 대중적으로 읽히는 영국 판타지의 대부분은 알게 모르게 이 진정한 색슨족 왕의 귀환이라는 종족 전쟁의 이데올로기를 담고 있다. 톨킨의 『반지의 제왕』은 전형적으로 그렇다.

대중적으로 반복해서 소비되는 서구 판타지 테마들은 서구 자본주의가 출현, 성장하는 과정에서 만들어진 어두운 그늘 같은 것이다. 그 테마들은 그 기원에서부터 내외부적 인종주의의 울림을 강하게 가지고 있다. 그 테마들 중에는 이데올로기적 울림이 탈색된 것도 있지만 여전히 그 울림이 현재적 의미를 가지며 살아 있는 것도 있다.

『해리 포터』 시리즈에 나타난 종족 전쟁 테마

『해리 포터』 시리즈를 읽으면서 가장 기이하게 느낀 점은 마법과 마녀, 마법사의 모티프가 전편을 뒤덮고 있음에도 불구하고 그것이 작품의 구조나 주제에 의미 있는 영향을 끼치고 있지 못하다는 점이다.

원시사회에서의 성년 통과의례는 상징적 죽음과 재탄생이라는 틀을 가지고 있다. 예컨대 성년식을 치르는 아이는 격리된 장소에서 커다란 가죽 주머니에 들어가는 것을 통해 상징적으로 상상의 괴물에게 잡아먹힌다. 그리고 일정 기간 밥을 먹지 않음으로써 상징적으로 죽은 자로 지낸다. 그런 뒤에 가죽 주머니에서 나옴으로써 상징적으로 다시 태어난다. 그리고 그 사회 구성원이 기본적으로 수행하는 어떤 과제를 해내도록 요구받는다. 이 통과의례의 전 과정을 끝내야만 아이는 그 사회의 과업을 함께 나누는 어른으로서 인정받는다.

오늘날의 학교는 이러한 성년 통과의례가 확대되고 제도화된 것이라 할 수 있다. 해리 포터는 15세가 되어 헤르미온느, 론 등의 다른 아이들과 함께 마법사 학교에 입학한다. 15세란 나이에 이 학교에 입학하는 것이 성년 통과의례에 참여하는 것임을 말해준다. 마법사 학교는 일반사회로부터 격리되어 있으며, 그 안에서는 엄격한 규율에 따라 많은 욕구들을 억제하고 살아야 한다. 학교는 원시사회 성년 통과의례에서 아이를 삼키는 괴물에 해당하며, 엄격한 규율에 따른 학교 생활은 괴물의 뱃속에서 죽은 자로서 지내는 것에 비견될 수 있다. 그리고 원시사회의 성년 통과의례에서 사회 구성원이 되기 위해 알아야 하는 비밀을 배우고 사회 구성원으로서의 기본 과업을 수행할 것을 요구받듯이, 마법사 학교에서도 마법의 비밀을 배우고 일정한 과업을 달성할 것을 요구받는다.

그런데 이 작품 구조 속에서 그 학교가 마법사들의 학교이며, 학생들이 예비 마법사라는 점은 특별한 의미를 갖지 못한다. 이 학교의 입학 조건이 부모 혹은 부모의 어느 한쪽이 마법사라는 혈통을 요구하는 것으로 보아 귀족학교를 마법사 학교로 변형시켜놓은 것으로 보인다. 이렇게 판단하는 이유는, 샤먼으로서의 마법사가 어떤 존재인지가 작품 구조 속에 나타나 있지 않기 때문이다.

샤먼은 결코 샤먼 집단을 위한 존재가 아니다. 예컨대 서구의 마녀 베난단틴이 벌이는 밤의 전투는 샤먼들 자신을 위한 것이 아니라 그 농경 사회 전체의 풍요를 위한 것이다. 샤먼은 그가 속한 사회 전체를 위한 존재다. 따라서 『해리 포터』 시리즈가 샤먼으로서의 마법사가 중심이 되는 판타지라면 당연히 현실계인 머글들의 사회와 환상계인 마법사들의 세계 사이에 긴밀한 관계가 있어야 하며, 마법사들이 수행하는 과제들은 현실계 머글들 사회의 문제들을 해결하기 위한 것이어야 한다. 그런데 『해리 포터』 시리즈에서는 현실계인 머글들의 사회와 마법사들의 사회 사이에 이렇다 할 관계가 설정되어 있지 않다. 마법사들의 사회는 그냥 머글들의 사회와 병렬되어 있는 자족적인 사회일 뿐이다. 따라서 마법사들이 수행하는 과제는 마법사들의 사회 내 문제를 해결하기 위한 것이지, 머글들 사회의 문제 해결과는 아무 상관이 없다. 『해리 포터』 시리즈에서 마법사들의 사회와 머글들 사회의 관계는 서로를 우습게 여기는 관계 이상은 아니다. 이러한 관계는 평민 사회와 귀족 사회의 관계이지 전체 사회와 샤먼의 관계가 아니다.

이와 같은 시각으로 작품 구조를 살펴보면, 『해리 포

터』 시리즈는 샤먼 설화에 바탕한 판타지라기보다는 귀족 사립학교를 배경으로 한 성장소설에 가까움을 알 수 있다. 마법사와 마법의 모티프들은 재미를 더하기 위해 도입된 장식적 요소에 불과하다. 그렇기 때문에 작품 구조에 의미 있는 영향을 끼치지 못한다. 이러한 점은 이 작품의 주제에서도 그대로 드러난다.

『해리 포터』에 나타나는 갈등은 크게는 마법사를 무가치한 존재로 여기고 배제하려는 머글들과 머글들을 멸시하며 지배하려는 마법사(볼드모트와 그 추종자들) 집단 사이의 갈등이다. 그런데 이 갈등은 실질적으로는 머글들을 지배하고자 하는 마법사 집단과 더글들의 사회에 끼어들지 않음으로써 머글들과 평화롭게 지내고자 하는 마법사 집단(해리 포터와 지원자들) 사이의 갈등으로 전개된다. 머글들은 배경으로만 존재할 뿐 이 갈등에 실질적으로 끼어들지는 못한다. 이러한 갈등에서 우리는 종족 전쟁의 테마를 읽어낼 수 있다.

17, 18세기 영국의 종족 전쟁에서 노르만족 왕과 귀족들은 전쟁을 통한 정복에서 비롯되는 지배의 권리를 주장한다. 색슨계 귀족과 부르주아들은 의회 입법을 통해 노르만 왕과 귀족들의 권리를 제한해야 한다고 주장한다. 청교도 평등파들은 노르만족의 불평등한 법을 폐지하고 평등한 색슨족의 법을 회복해야 한다고 주장한다. 가장 급진적

인 디그파들은 노르만족을 몰아내고 그 지배 체제를 완전히 폐기해야 한다고 주장한다.『해리 포터』에서 볼드모트의 입장은 노르만 왕, 귀족들의 주장을 연상케 한다. 그리고 애매한 마법부 관리들의 태도는 의회파의 입장을, 해리 포터와 그 지원자들은 청교도 평등파들의 입장을, 머글들은 급진적인 디그파의 입장을 연상케 한다. 이러한 입장들은 크게는 두 개의 입장으로 묶여 갈등의 축을 형성하는데, 이 두 축에 기독교 메시아주의에 입각한 진정한 왕의 귀환 모티프가 결합됨으로써 갈등은 한층 격렬하고 어두운 정서적 색깔을 갖게 된다. 볼드모트와 그의 추종자들은 끊임없이 진정한 지배자로서의 볼드모트의 귀환을 꿈꾸고 있고, 해리 포터와 그 지원자들 또한 볼드모트를 물리칠 진정한 영웅의 귀환을 꿈꾼다. 해리 포터와 볼드모트는 그 양 축의 정점에서 격렬하게 대립하면서 이 소설을 이끌어가고 있다.

이렇게 살펴보면『해리 포터』는 귀족 사립학교를 배경으로 종족 전쟁 테마를 다루고 있는 성장소설임이 분명하다. 마법사와 마법의 모티프들은 여기에 재미를 더하기 위해 덧붙여진 장식적 요소다. 하지만 마법사와 마법이 장식적 요소라고 해도 분명히 종족 전쟁이라는 테마를 오락화함으로써 희화화하는 측면이 있다. 거꾸로 소설의 골격을 이루는 종족 전쟁 모티프가 마녀, 마법사, 늑대 인간 등에 대한 기독교적 재해석을 해체시킨다. 원래 긍정적 의미를 갖던 마녀, 마법사, 늑대 인간은 기독교적 재해석을 거치면서 악마와 계약을 맺은 부정적 존재로 전락했었다. 그런데 『해리 포터』시리즈에서는 '귀족=마법사'라는 설정에 의해 기독교적 해석이 해체된다. 마녀, 마법사, 늑대 인간 등이 악마와 계약을 맺은 부정적 존재에서 다시 긍정적 존재로 바뀐 것이다. 이와 같이 작품의 내부 구조에 의해 이데올로기적 요소가 해체되어 순수 오락물화하는 게 『해리 포터』시리즈의 장점이자 단점이다. 이데올로기적 울림이 해체되어 있기 때문에 넓게 읽히지만 독자들을 깊이 홀리지는 못한다.

귀족 사립학교를 배경으로 한 성장소설의 오락 소설화라 할 수 있는 『해리 포터』는 수용자인 한국의 입장에서는 더욱더 오락적인 소설로 받아들여질 수밖에 없다. 종족 전쟁의 테마가 영국인이나 서구인들에겐 울림을 가지고 있을지 몰라도 한국의 독자들은 알지도 못하고 굳이 알 필요도 없기 때문이다.

『반지의 제왕』에 나타난 종족 전쟁 이데올로기

톨킨은 편지에서 자기가 판타지 세계의 창조에 몰두하는 이유를 다음과 같이 밝히고 있다.

나는 어릴 적부터 사랑하는 내 조국의 빈곤이 슬펐습니다. 그곳에는 자신만의 이야기가 없었습니다. 적어도 내가 추구하는 수준의 이야기, 다른 나라의 전설에서 발견할 수 있는 그런 이야기가 없었습니다. 그리스어와 켈트어, 로맨스어, 그리고 독일어, 스칸디나비아어, 핀란드어로 된 이야기는 있었습니다. 하지만 싸구려 책자에 나오는 초라한 것을 제외하면 영어로 된 이야기는 없었습니다.

톨킨이 판타지에 몰두한 이유는 앵글로색슨족인 자기만의 그럴듯한 이야기, 그럴듯한 신화를 만들어야 한다는 사명감이었다는 것이다. 톨킨의 판타지 작업은 처음부터 순수한 앵글로색슨족 민족국가 건설이라는 흐름의 연장선에 있었던 셈이다. 이렇게 보면 그의 주저인 『반지의 제왕』이 왜 진정한 왕의 귀환 이야기로 되어 있는가를 쉽게 이해할 수 있다. 진정한 왕의 귀환이라는 모티프는 앞에서 살펴보았듯이 이민족인 노르만족의 지배를 청산하고 이상적인 앵글로색슨족의 왕국을 회복해야 한다는 근대 이행기의 시대적 과제에서 유래된 것이니 톨킨의 판타지 작업 의도와 딱 들어맞는다.

『반지의 제왕』에서 사우론으로 상징되는 악의 축은 색슨족의 이상 왕국 건설을 방해하는 세력을 의미한다고 볼 수 있다. 이 세력의 원형은 앞에서 이야기했듯이 유럽을 침공하여 게르만족의 대이동을 야기했던 훈족이다. 여기에 그 이후의 역사적 경험을 중첩시켜 악의 축을 형상화하고 있다. 사우론은 거대한 외눈의 형상을 하고 있으며, 신들림과 유사한 방법으로 자기 세력을 넓혀나간다. 그래서 인간족들의 일부는 사우론의 편이 되기도 한다.

『반지의 제왕』에서 악의 축은 샤머니즘의 구조로 쉽게 이해가 된다. 몸주신인 사우론, 몸주신을 모시는 사루만, 그리고 몸주신인 사우론을 위해 오르크, 인간족 등이 악의 축을 형성하며 일사불란하게 움직인다. 그들의 공간적 중심은 우주 산의 변형인 화산과 우주 나무의 변형인 탑이다.

『반지의 제왕』에서 신화적으로 가장 이해하기 어려운 존재는 백마술사 간달프다. 간달프는 백마술사라는 설정이나 마술의 디테일로 보면 샤먼적 존재인 것 같은데 전체적으로 보면 샤먼적 존재가 아니다. 샤머니즘에서 백샤먼과 흑샤먼의 차이는 천상의 신을 몸주신으로 하는가, 지하의 신을 몸주신으로 하는가의 차이일 뿐이다. 이것은 꼭 선과 악의 구분을 의미하지는 않고, 예컨대 지하의 신을 몸주신으로 하면 병을 잘 고친다든지 하는 권능의 차이 정도로 나타난다. 간달프가 이해되기 어려운 것은 표면적으로는 샤먼의 모습을 하고 있는데 모시는 몸주신이 뚜렷하게 없다는 점이다. 간달프는 뚜렷한 몸주신이 없고 요정들만이 사는 불사의 땅과 요정에 친연성이 있는 존재 정도로 그려져 있다. 몸주신이 없다면 샤먼이라고 할 수가 없다. 이 샤먼 같으면서 샤먼이 아닌 간달프의 비밀을 푸는 것은 어쩌면 『반지의 제왕』 전체 구조의 비밀을 푸는 일이기도 할 것이다.

그리스 신화에서 샤머니즘 신화의 모습을 가장 잘 보여주는 신화는 오르페우스 이야기다. 오르페우스는 죽은 아내 에우리디케를 데려오기 위해 하데스가 다스리는 지하 세계로 간다. 오르페우스는 음악으로 하데스를 감동시켜 에우리디케를 데리고 가라는 허락을 받는다. 하지만 지상 세계로 나갈 때까지 뒤돌아보지 말라는 금기를 어겨 결국 아내를 데리고 나오는 데 실패한다. 오르페우스 이야기는 시베리아 만주 지역에서 흔히 들을 수 있는 샤먼 신화의 변형이다. 악귀가 데리고 간 병자나 죽은 자의 혼을 찾기 위해 저승 세계로 영혼 여행을 하는 이야기 구조와의 유사성을 오르페우스 신화에서 쉽게 발견할 수 있다.

그런데 이 오르페우스 신화는 서구의 철학과 종교에 심대한 영향을 끼쳤다. 오르페우스 신화는 '오르페우스 비의'라고 지칭되는 종교적 흐름을 만들어냈는데, 피타고라스의 정리로 유명한 수학자이자 철학자 피타고라스도 그 영향권에 있다. 그래서 피타고라스 학파는 학문적 조직이기도 했지만 윤회를 믿으며 금욕적 생활을 하는 종교 집단이기도 했다.

오르페우스 신화의 서구 문화에 대한 심대한 영향은 서구 철학의 주류를 이루어온 플라톤 철학에 영향을 미쳤다는 데 있다. 샤머니즘의 관점에서 보면 이해할 수 없는 엉뚱한 해석인데, 오르페우스 비의의 핵심 내용은 영혼과 육체를 나누고, 인간이 몸을 가지고 태어나는 것을 영혼의 유배로 보는 것이다. 물질세계를 이데아의 그림자로 보는 플라톤 철학의 기본 골격은 영혼과 육체의 분리인데, 이것이 몸을 갖고 태어나는 것을 영혼의 유배로 본 오르페우스 비의로부터 왔다는 것이다. 플라톤 철학의 오르페우스 비의와의 연관성은 신플라톤주의로 가면서 더 체계화되는데, 이 철학이 기독교 교리 해석에 수용되면서 종교개혁에 영향을 미친다. 사후 세계를 중시하며, 살아서 근검절약하는 것이 천국에 부를 쌓는 것이라고 보았던 영국의 청교도주의도 그 연장선에 놓여 있다.

샤먼 같으면서도 샤먼이 아닌 간달프의 비밀은 앞에서 간략하게 짚어본 '오르페우스 신화―오르페우스 비의―플라톤 철학―기독교의 신플라톤주의 수용과 종교개혁―영국의 청교도주의'라는 맥락 속에서 보아야 풀 수 있다.

즉, 『반지의 제왕』의 결말에서 인간의 인식 범위 밖으로 사라지는 불사의 땅은 오르페우스 비의 식으로 말하면 영혼의 땅이고, 플라톤 식으로 말하면 이데아의 세계다. 그 영혼의 세계, 이데아의 세계에는 반半영혼적 존재인 요정, 그 이상으로 영혼적 존재인 간달프, 지난한 과업의 수행을 통해 육체의 악을 소멸시킨 프로도 같은 인간만이 갈 수 있다. 이렇게 보면 간달프는 몸주신을 모시는 샤먼이 아니라 영혼의 세계, 이데아의 세계로부터 직접적으로 힘을 얻고 있는 반半영혼적 존재다.

불사의 땅의 반대쪽 극을 형성하는 사우론의 모르도르는 악의 원천인 육체성, 물질성의 상징이다. 그래서 이들은 영원히 소멸되지 않는 물질성으로서의 광물성을 지닌 존재들로 형상화되어 있다.

불사의 땅과 사우론의 모르도르라는 양극 사이에 인간이 존재한다. 인간은 악의 원천인 육체에 유배당한 영혼들인 것이다. 따라서 그 육체성 때문에 사우론의 모르도르에 기울 수도 있고, 지난한 고투를 통해 프로도처럼 불사의 땅에 이를 수도 있다. 지난한 고투를 통해 진정한 왕이 귀환한 곤도르 왕국은 불사의 땅을 지향하며, 이는 이데아 세계의 후광을 입고 있는 앵글로색슨족의 왕국일 것이다.

간달프가 샤먼처럼 묘사되지만 샤먼이 아니듯이, 『반지의 제왕』은 샤먼 신화 모티프를 많이 차용하고 있으면서도 샤먼 신화의 골격을 가지고 있지 않다.

『반지의 제왕』의 골격을 이루는 것은 샤먼 신화가 아

니라 영국의 청교도주의다.『반지의 제왕』은 겉모습과는 다르게 지극히 기독교적이며 자본주의적인 작품이다. 기독교 종교개혁의 산물인 영국의 청교도주의는 자본주의의 주류 담론을 이루고 있으니 하는 말이다.

민족국가를 형성해야 한다는 것은 근대 이행기의 정당한 시대적 과제였다. 그러나 영국이 식민지 경영을 하는 제국으로 성장한 이후에도 앵글로색슨족의 이상향을 이야기하는 것이 정당성을 가질 수 있을까? 그러한 행위는 자칫 잘못하면 앵글로색슨 중심의 백인 우월주의로 전락할 수도 있지 않을까? 이러한 질문이 우리가『반지의 제왕』에 짐 지울 수 있는 혐의다.

그러나 톨킨의 신화에 대한 학문적 역량과 작가적 역량은 그러한 혐의를 넘어서는 것 같다. 상당히 전문적인 식견을 가지고 보지 않으면『반지의 제왕』에서 그러한 의미를 읽어내기 어려우니 말이다. 더구나 서구의 그러한 맥락을 알 리가 없고 알 필요도 없는 한국의 독자에게『반지의 제왕』은 오락적 읽을거리 이상은 아닐 것이다.

하지만『반지의 제왕』이『해리 포터』시리즈만큼 대중성을 갖지는 못하지만『해리 포터』시리즈보다는 읽는 이를 깊이 홀리고, 그 깊은 홀림이『반지의 제왕』이 갖는 이데올로기적 울림이라는 것 또한 사실이다.

신화는 다문화적인 것이다

이제까지 『반지의 제왕』과 『해리 포터』 시리즈에 나타난 종족 전쟁 이데올로기를 문제 삼았다. 이야기가 여기서 그친다면 남의 눈의 티만 보고 자기 눈의 대들보를 못 보는 격일 것이다. 사실 종족 전쟁 이데올로기로 말하자면 우리도 못지않다. 그건 건국신화들이 부각되는 계기들만 보아도 쉽게 알 수 있다. 고구려 건국신화나 단군신화가 재구성되어 관심의 대상이 되었던 시기는 고려 때의 원나라 침입, 구한말 서구 열강과 일본의 침입 시기였다. 즉 건국신화에 대한 관심 자체가 종족 전쟁 이데올로기와 깊은 관련이 있는 것이다. 이 건국신화들은 끊임없이 대중적 읽을거리와 볼거리로 리메이크되어 인기를 끌고 있다. 다만 우리의 종족 전쟁 이데올로기가 덜 문제가 되고 서구의 종족 전쟁 이데올로기가 더 문제가 되는 것은, 그간의 역사에서 서구가 가해자의 입장에 있었고 우리는 피해자의 입장에 있었기 때문일 것이다.

하지만 지금은 우리가 피해자의 입장만 내세울 수 있는 시기는 아니다. 적어도 아시아 차원에서 보면 계속해서 피해자의 입장을 강변할 수 있는 상황은 아닌 것이다. 이러한 상황 변화에 비추어 보면 우리의 신화 해석 역시 지나치게 종족 전쟁 이데올로기에 묶여 폐쇄적인 면이 없지 않다.

우선 지금의 신화 해석이 일제하의 신화 해석보다 훨씬 폭이 좁고 폐쇄적이라는 점부터 짚고 넘어가야 한다. 일제하에서 최남선은 '불함문화권'을 주장하였다. 불함문화권은 단군신화와 유사한 구조를 갖는 게세르 신화들이 유포되어 있는 게세르 신화권으로 시비리아, 몽골, 만주, 티베트와 한반도를 아우른다. 우리 신화의 범주를 한반도 국경 안팎으로 제한하는 것은 스스로를 왜소화하고 풍부한 신화적 자산을 스스로 버리는 것이다. 신화에는 근대적 국경 개념이 적용될 수 없다.

또한 건국신화를 바탕으로 단일민족설을 강변하는 것도 난센스다. 단군신화부터 유목민들의 천신天神 신화와 수렵민의 곰신 신화, 호랑이 신화의 결합으로 다문화적이다. 고구려 건국신화로 가면 남방계 신화까지 결합되고 있어서 더 말할 나위가 없다. 아주 원시적인 신화를 제외한다면 신화란 근본적으로 다문화적이라고 할 수 있다.

우리의 신화 해석 폭이 이렇게 왜소해지고 폐쇄화된 데는 남북 분단의 영향이 큰 것 같다. 분단이 장기화됨에 따라 우리의 시각이 남한만의 소민족주의에 함몰되어 대륙으로 열린 시야를 잃어버린 건 아닌지, 서구 중심의 질서에 익숙해진 나머지 다른 아시아권 국가들에 대해 상대적 우월주의에 빠져 있는 건 아닌지 생각해볼 일이다.

중요한 것은 방어적으로 지키는 것이 아니라 넓고 깊

게 열린 문제의식을 가지고 신화를 의미 있게 재해석, 재창조해내는 일이다. 그렇게 해서 설득력 있는 담론으로 만들어내는 것이 사회적 응집력과 대외적 영향력을 이끌어내는 길이다.

사실 『반지의 제왕』을 검토하면서 부러운 것은 신화의 해석과 철학이 얽혀 있는 깊고 넓은 담론의 장 위에 그 작품이 서 있다는 점이었다. 우리에게는 신화와 관련하여 아직 그만 한 문화적 축적이 없다. 괴력난신怪力亂神을 기피한 유교의 영향도 있고, 서구 문화의 도입으로 근대가 시작되면서 겪은 전통으로부터의 일정한 단절 때문이기도 할 것이다. 하지만 우리에겐 의미 있는 다른 시각을 내놓을 수 있는 역사적 경험과, 아직 처녀지로 남아 있는 게세르 신화권이라는 자산과, 기왕에 축적된 자료와 담론을 단시간에 참조할 수 있는 후발 주자의 유리함이 있다. 문제는 그만큼 열린 시야와 의지를 가지고 있느냐 없느냐일 것이다.

신화의 재해석과 재창조의 축적이 폭과 깊이와 설득력을 확보하는 과정은 그 문화가 의미 있고 독자적인 하나의 문화로 서는 과정이라고 해도 과언이 아니다. 한국 문화는 그런 점에서 이제 출발점에 서 있다.

유희의 상상력과 억눌린 것들의 귀환

|

 판타지 문학작품이 대중성을 얻는 경우는 매우 제한적이다. 그 판타지의 모티프가 그 사회 구성원 전체에 가해졌던 폭력과 관련되지 않는 한 대중성을 갖기 어렵다. 서구에서 대중적으로 소비되는 판타지의 모티프들은 그 하나하나가 일정 시기에 그 사회 전체를 휩쓸었던 절대적 폭력의 그림자임을 알 수 있다. 마녀 모티프, 신들림의 모티프, 종족 전쟁의 모티프, 중세 기사들의 모험 모티프 어느 하나도 그렇지 않은 게 없다.

 이것은 한국의 경우도 마찬가지다. 한국의 판타지물 중 어느 시기에든 안정적으로 일정한 대중성을 확보할 수 있고 주기적으로 폭발적 대중성을 획득할 수 있는 테마는 건국신화와 관련된 것들이다. 이것은 수천 회에 걸쳐 반복된 외침이라는 절대적 폭력이 드리운 그림자. 십여 년 전쯤 베스트셀러였던 『퇴마록』의 인기는 반세기에 걸쳐 우리 사회에 가해졌던 매카시즘 폭력의 그림자다. 우리나라에서 오락 상품으로 소비되는 판타지의 대부분은 서구의 대중적 판타지 모티프들을 차용한 것들이다. 이것 또한 서구 중심의 근대가 가해온 폭력의 그림자다 할 수 있다.

 위와 같은 판타지들은 그 사회와 개인들에 가해진 절대적 폭력에 대해 초기에는 대중적 보상 심리를 충족시키는 방식으로, 그리고 세월이 지남에 따라 유희화를 통해 그 폭력의 상처를 희석시키고 망각해가는 방식으로 대응해왔음을 보여준다. 그러한 방식을 바람직하다고 할 수는 없지만 갑남을녀들이 사회역사적 상처를 끌어안고 살아가는 나름대로의 방법임에는 틀림없다.

**왜 옛날
야한 영화 제목에는
'뽕'이 많이 들어갈까?**

신화와 페미니즘

왜 고대국가를 세운 영웅들은 태어나자마자 버려졌을까?

고대국가를 세운 영웅들은 으레 태어나자마자 버려진다. 고구려의 주몽이 그렇고, 중국의 주나라를 세운 후직이 그렇고, 출애굽의 영웅 모세가 그렇다. 왜 고대국가를 세운 영웅들은 으레 버려진 것일까? 그 영웅들의 신화를 샤먼 신화의 관점에서 보는가 역사의 관점에서 보는가에 따라 대답이 달라진다.

흔히 영웅신화에서 주인공의 일대기는 '고귀한 혈통 → 비정상적인 출생 → 기아 → 동물 등의 보호와 구원 → 시련 → 시련의 극복 → 과업의 수행 → 신이한 죽음'의 구조를 갖는다고 한다. 주몽 신화가 전형적이다.

주몽은 천신 해모수와 하백의 딸 유화에게서 태어났

으니 고귀한 혈통을 가진 존재이다. 그리고 기이하게도 알로 태어나 버려지지만 동물들이 보호하여 다시 거두어진다. 그리고 부여 왕자들의 시기로 시련을 겪다가 탈출(시련의 극복)하여 고구려를 세우고(과업의 수행) 40여 세에 죽어 하늘로 돌아간다(신이한 죽음).

고대국가를 세운 왕들은 모두 샤먼이기도 하였으니 영웅신화는 샤먼 신화의 관점에서 해석될 수 있다. 샤먼 신화의 관점에서 주인공이 태어나자마자 버려지는 것은 과연 어떻게 해석될 수 있을까? 샤먼들은 샤먼이 되기 전에 무병을 앓는다. 샤먼 후보자들은 대개 혼자 있기를 좋아하며 정상적 사람들이 보기엔 이상한 짓을 하고 이유 없이 아프다. 샤먼 후보자는 이 무병 때문에 그 마을 공동체로부터 소외되고 버려진다. 그런데 이 무병은 개인의 병이면서 동시에 그 공동체의 병이기도 하다. 그 공동체가 안고 있는 병을 예민한 감수성을 가지고 있는 샤먼 후보자가 앞서서 개인의 병으로 앓고 있는 것이다. 샤먼 후보자는 이를 깨닫고 그 공동체의 치유자로서의 샤먼이라는 소명을 받아들인다. 이 소명을 받아들이는 순간 무병은 낫는다. 주몽이 알로 태어나 버려졌다가 다시 받아들여지는 과정은 샤먼이 무병을 앓다가 샤먼으로서의 소명을 받아들임으로써 낫는 과정에 비견된다. 그렇게 보면 주몽이 알로 태어났다는 사실은 매우 의미심장하다. 거대한 매가 샤먼 후보자를 집어 세계의 중심에 있는 우주 나무 가지의 둥지에 내려놓으면 샤먼 후보자는 영혼의 알로 일정 기간을 보낸 후에 샤먼으로 재탄생한다는 시베리아 소수 종족들의 신화가 있다. 이 신화에 비추어보면 주몽이 알로 태어났다는 것은 영혼의 알로 태어났다는 것이며, 하늘이 점지한 대샤먼의 자질을 가지고 태어났다는 것을 뜻한다.

샤먼의 소명을 받아들인 샤먼 후보자는 샤먼이 되기 위한 입문 과정을 거쳐야 한다. 이 입문 과정에서 샤먼은 혹독한 시련을 겪는다. 시베리아 만주 지역 샤먼 후보자는 입문 과정에서 신들이 나타나 샤먼의 몸을 분해하고 재조립하는 상징적 죽음과 부활의 경험을 한다. 주몽 신화에서 주몽이 금와왕이 다스리는 부여에서 왕자들의 시기로 죽음의 위기에 빠지고 꾀와 신이한 능력으로 위기를 탈출하는 것은 샤먼으로서의 입문 과정에 비견된다. 이렇게 대샤먼으로 거듭난 주몽은 고구려를 세움으로써 과업을 완수하고 신의 세계로 돌아간다.

샤먼 신화의 관점에서 보면 고대국가를 세운 영웅들이 태어나자마자 버려졌다가 다시 거두어지는 것은 무병을 앓다가 샤먼으로서의 소명을 깨달아 공동체로 귀환하는 과정을 상징적으로 표현한 것이라 할 수 있다. 그러면 역사의 관점에서는 어떤 대답을 할 수 있을까? 한자 버릴 기棄 자

속에 그 비밀의 열쇠가 들어 있다. 버릴 기 자는 고대에 다음과 같이 썼다.

갓난아이가 들어 있는 요람을 두 손으로 들어다 버리는 그림이다. 이 글자는 고대 부족국가들이 만들어지던 시기에 아이를 버리는 풍습이 있었음을 보여준다. 물론 모든 아이를 버린 것은 아니고 결혼해서 낳은 첫아이를 가져다 버렸다. 왜 첫아이를 버리는 풍습이 생겼을까?

고대국가가 세워진다는 것은 부계사회가 확립되었다는 것을 의미한다. 재산과 권력이 아버지에서 아들로 승계될 수 있을 정도로 부권이 강화되는 것을 전제하지 않으면 고대국가는 성립할 수 없다. 그런데 고대국가가 만들어지던 초기에는 이미 부계사회로 넘어온 상태였지만 모계사회적 요소도 많이 남아 있었다. 그래서 여성들이 결혼 전에는 성적으로 자유로웠고 결혼을 한 이후에는 정조를 지킬 것을 요구받았다. 게다가 당시에는 임신 기간에 대한 과학적 지식이 없었다. 아버지의 입장에서 결혼하고 처음 낳은 아이는 자기 자식인지 아닌지 확신할 수가 없었다. 이렇게 소속이 불분명한 아이에게 재산과 권력을 물려줄 수는 없었기 때문에 첫아이는 가져다 버린 것이다. 고구려의 시조 주몽이나 주나라의 시조 후직은 그래서 버려진 아이들이다.

그런데 그 당시에는 부계사회였지만 모계의 영향력이 상당히 컸다. 그래서 버려진 장남들이 모계 부족의 지원을 받아 국가를 세울 수 있었던 것이다.

청춘 남녀들의 모임, 사회社會

모계사회 군혼제群婚制의 유습은 고대국가 건설기만이 아니라 그 이후에도 오래도록 남아 있었다. 중국에선 인류를 창조하고 땅의 풍요와 인간의 결혼을 주관하는 신으로 여와를 모신다. 여와는 흙으로 사람 모양을 빚어 생명을 불어넣은 인류의 어머니이다. 그리고 하늘의 한구석이 무너져 대홍수가 닥쳤을 때 인류를 위해 거대한 거북의 네 다리를 잘라 기울어진 하늘을 받치고 오색 돌을 불에 녹여 구멍 난 하늘을 메움으로써 홍수를 물리친 자비의 여신이다. 또한 결혼 제도를 만든 신이기도 하다. 여와 시대에 있었던 대홍수의 기억은 한자 옛 석昔 자에 흔적을 남기고 있다. 석의 옛 글자는 다음과 같다.

해 위에 물결이 출렁거리고 있는 모양이다. 해 위까지 물결이 넘실거리던 대홍수가 있었으니 참고하여 조심하라는 뜻일 것이다.

여와는 생명과 자연의 풍요를 주관하는 대지의 여신이다. 그리스 로마 신화의 가이아와 비슷한 신이다. 대지가 여와의 몸이라면 산은 여와의 젖무덤이다. 그래서 산을 지유地乳라고도 한다. 여와를 모시는 제단 역시 지유 모양으로 만들었다. 흙을 젖무덤처럼 쌓아 올려 제단으로 삼은 것이다. 이 제단 모양을 본떠서 만든 글자가 흙 토土 자이다.

대지의 젖꼭지처럼 만들어놓은 제단 모양이 그럴듯해 보이기도 하고 좀 익살맞아 보이기도 한다. 사社는 대지의 젖꼭지를 모신 여와의 사당을 가리키는 말이었다.

사 주위에는 뽕나무를 많이 심어 뽕나무 숲이 형성되었다. 신화에 의하면 동해의 끝에는 부상수扶桑樹라는 거대한 뽕나무가 있다고 한다. 열 개의 해는 이 거대한 뽕나무의 가지 위에서 머물며 쉬다가 매일매일 교대로 하나씩 떠오른다.

해가 영원히 떠오르지 않으면 모든 생물은 죽는다. 해는 생명의 원천이다. 이 생명의 원천인 해가 머물며 사는 집이 거대한 뽕나무이다. 뽕나무는 생명의 근원의 근원인 셈이다. 가히 생명과 풍요의 신 여와의 사당 주위에 심을 만한 나무인 것이다. 사회社會는 농사가 시작되기 전 여와에게 제사 지내는 일정 기간 동안 이 뽕나무 숲에서 이루어지는 모임을 가리키는 말이었다. 어떤 사람들이 모여 무슨 일을 했을까?

사회는 청춘 남녀들이 모여 가무를 즐기고 사랑을 나누는 모임이었다. 이 모임의 유일한 원칙은 남녀가 서로 눈이 맞아야 한다는 것이었다. 엄연히 결혼 제도가 확립되어 있는 부계사회였음에도 불구하고 여와에게 제사 지내는 기간 동안 사당 주위의 뽕나무 숲에서는 원시시대의 군혼제가 부활한 셈이다. 사회와 같은 청춘 남녀들의 모임은 중국만이 아니라 고대국가들에는 보편적으로 있었다. 음주 가무를 즐겼다는 고구려의 동맹이나 예의 무천 같은 국가적 축제가 그렇고 그리스 로마의 디오니소스 축제도 그렇다.

그런데 재미있는 것은 유교를 세운 공자가 바로 이 뽕나무 숲에서 만난 청춘 남녀에게서 태어났다는 점이다. 당시 공자의 아버지는 결혼을 한 상태였다. 유부남으로서 사회에 갔다가 처녀와 사랑을 나누었고 그 처녀에게서 공자가 태어난 것이다. 요즈음으로 하면 사생아인 셈인데 공자는 그러한 사실을 숨기지도 않았고 한 번도 부끄러워한 적이 없었다. 또 다른 사람들이 공자의 그러한 출생을 비난하지도 않았다. 여와 제사 기간 동안 뽕나무 숲에서 이루어진 군혼제적인 남녀 간의 사랑은 당시에는 사회적으로 허용이 되었던 것이다.

『시경詩經』에 실려 있는 시들의 상당수가 사랑 노래들인데 그중에 사회에서 만난 남녀 간의 사랑을 노래한 시들도 많이 전해진다.

> 하릴없이 새삼을 뜯네, 매의 마을에서
> 가슴에 가득 떠오르나니 아름다운 맹강의 모습
> 뽕나무 숲에서 기다리다
> 상궁까지 나를 마중 나오고
> 헤어질 땐 기수까지 바래다 주었지
> ─『시경』,「상중桑中」부분

위 시에서 상궁은 여와를 모시는 사당을 말한다. 새삼을 뜯으면서 사회에서 만났던 연인을 떠올리며 그리워하는 노래이다. 『시경』에 실려 있는 시들은 주로 민요들이다. 이렇게 뽕나무 숲에서 맺어진 남녀의 사랑 노래가 민요로 널리 퍼지면서 동양권에서 뽕은 자연스럽게 남녀 간의 자유로운 사랑을 상징하는 말이 되었다. "임도 보고 뽕도 딴다"는 우리 속담도 청춘 남녀들이 자유롭게 만나는 사회에서 비롯된 것이고, 고전풍의 야한 영화 제목에 뽕이 많이 들어가는 것도 같은 이유에서다.

유교와 페미니즘

앞에서 살펴본 사실들은 성과 관련하여 금욕적이고 여성에 대해 억압적인 것으로 악명이 높은 유교가 뜻밖에 다른 측면을 가지고 있지 않을까 하는 기대를 갖게 한다.

유교는 아무것도 없는 상태에서 공자가 갑자기 만들어낸 종교가 아니다. 유교의 유儒는 태양신을 제사 지내는 제사장 직책 명칭에서 유래되었고, 공자 집안은 대대로 태양신을 모시는 제사장 집안이었다. 유교의 예禮와 악樂을 중요시하는 전통도 "태양신은 가무를 좋아하기 때문에 예와 악으로 제사 지냈다"는 기록이 있는 것으로 보아 태양신 숭배 종교에서 유래한 것이라 할 수 있다. 그렇다면 유교의 뿌리가 되는 태양신 숭배 종교를 원시유교라고 불러볼 수도 있을 것이다.

원시유교의 성 관념은 대체로 원시사회의 성 제도에서 유래한 것이라 할 수 있다. 원시사회의 성 제도는 그 공동체가 수렵 등 생산에 종사해야 할 시기인가 그렇지 않은 시기인가에 따라 전혀 다른 원칙이 적용되었다. 생산에 종사해야 할 시기에는 성은 금기시되었다. 남녀가 엄격하게 격리되어 집단생활을 했고 남녀가 서로 쳐다보는 것조차도 금기였다. 원시사회는 생산력이 낮았기 때문에 그 공동체가 살아남기 위해서는 생산의 시기에는 생산에 총력을 기울여야만 했다. 생산의 시기에 남녀 간의 자유로운 성관계를 허용하면 공동체의 에너지가 다른 쪽으로 소모될 뿐만 아니라, 배우자를 놓고 일어나는 분쟁 때문에 지대한 노동력의 손실을 가져올 수 있었다. 그러한 에너지의 분산은 그 공동체의 생존에 치명적 결과를 가져오기 때문에 생산의 시기에는 성을 철저히 금기시한 것이다. 그러나 생산의 시기가 지나면 군혼제적인 남녀 간의 자유로운 성관계가 허용되었다.

위와 같은 원시시대 성 제도를 관통하고 있는 원리는 생명력의 최대화로서의 풍요이다. 이러한 풍요의 원리에 비추어 볼 때 생산의 시기에 성을 철저히 금기시하는 것이 합당했다. 장기적으로 종족의 번성을 바란다면 생산의 시기에는 생산에만 집중해야 하기 때문이다. 그러나 비생산기에는 남녀 간의 성을 자유롭게 허용하는 것이 맞다. 풍요 중에서도 가장 핵심적인 것은 종족의 번성이니까.

원시유교의 원리는 생명력의 최대화로서의 풍요였다. 태양신은 생명력의 원천이고 태양신을 모시는 것은 생명력의 최대화로서의 풍요를 추구하는 것이니까. 조상신을 숭배하는 유교의 전통 역시 원시유교가 추구한 풍요의 원리에서 유래한 것이다.

"신계神界와 인간계人間界의 뚜렷한 구별을 특징으로 하는 서방 고대 문명의 우주관과는 판이하게 고대 중국의 우주관을 특징짓는 것은 신계와 인간계의 연속성"이라고 한다. 그래서 고대 중국인들이 숭배했던 하늘 신 상제上帝는 선조의 총칭, 또는 선조의 추상화된 관념으로 볼 수 있으며, 오제五帝의 제帝들도 각 종족의 조상신으로 볼 수 있다는 것이다. 그렇다면 태양신 역시 조상신과 동일한 의미로 볼 수 있다. 신화에서 태양은 하늘신의 눈에 해당하니까. 이렇게 보면 원시유교의 태양신 숭배와 유교의 조상신 숭배는 서로 다른 것이 아니다.

한자의 조상 조祖 자는 남근의 모양에서 온 글자이다.

남근 신앙은 민간에 널리 퍼져 있는 풍요의 사상이다. 사람들은 농사의 풍요와 종족의 번성을 남근석에 빌었다. 남근 신앙에 대한 거부감을 가지고 있는 페미니스트들을 위해서 덧붙이자면, 이 남근상에 대한 숭배를 거슬러 올라가면 임신해서 배가 불룩하거나 버들잎 모양의 커다란 성기를 달고 있는 여신상에 대한 숭배가 나온다. 여성의 성기를 상징하는 잎을 잔뜩 달고 있는 버드나무 토템 숭배도 비슷한 것이다. 그것이 여성의 성기에 대한 숭배이든 남성의 성기에 대한 숭배이든 풍요의 사상이다.

어쨌든 원시유교의 기본교리는 생명력의 최대화로서의 풍요였고, 성에 대한 원리는 원시사회가 그랬듯이 엄격하게 금기시하는 측면과 성을 자유롭게 허용하는 양 측면을 다 가지고 있었다. 그러한 원시유교가 성과 관련하여 금욕적이고 여성을 억압하는 방향으로 변화하기 시작한 것은 춘추시대에서 전국시대로 넘어오면서부터이다. 이것은 덕德의 개념이 달라지는 과정을 보면 잘 알 수 있다. 유교에서 중요시하는 덕은 고대에는 다음과 같이 썼다.

德

커다란 눈이 바라보는 방향과 일치한다는 뜻의 글자다. 여기서 커다란 눈은 조상신, 태양신일 것이다. 조상신, 태양신의 뜻과 일치하는 것은 종족의 번성과 풍요이다. 이것이 춘추시대까지의 덕의 개념인데, 대개 원시유교의 풍요 원리와 합치된다.

전국시대는 춘추시대와는 질적으로 다른 시대였다. 춘추시대는 종족을 기본 단위로 하는 국가 단계였기 때문에 전쟁에 나갈 때 종족별로 종족의 깃발을 들고 나갔다. 전국시대는 이미 종족 단위가 해체되고 왕을 중심으로 짜인

합리적 관료 체제가 지배하는 시기였다. 전쟁에서도 부족의 깃발이 아니라 왕의 깃발을 들고 나갔다. 따라서 전국시대에는 덕이 더 이상 종족의 번성과 풍요를 의미할 수 없었다. 덕은 방대한 관료 체제의 정점에 서 있는 군왕이 갖추어야 할 소양으로 해석되기 시작했다. 공자의 유교는 이러한 상황에서 출현한 것이다. 합리화되고 관료화된 체제에 맞게 원시유교의 양면 중 성을 금기시하는 측면을 부각시킬 수밖에 없었을 것이다. 그리고 왕을 정점으로 합리화되고 관료화된 국가 체계란 부권의 강화를 의미하기 때문에 여성의 지위가 낮을 수밖에 없었다. 유교의 여성에 대해 억압적인 교리는 이러한 현실을 반영한 것이라 할 수 있다.

이렇게 경직되기 시작한 유교 교리가 더욱 경직되게 되는 계기는 진시황의 천하 통일이었다. 진시황은 선임 황제의 자식이 아니라 황후와 여불위 사이에서 태어난 자식이었다. 그는 황제가 된 후 어머니가 여전히 사통하는 것을 보고 여불위를 처형하고 어머니를 궁궐 밖으로 내쫓았다. 그리고 여성에게 엄격하게 정조 관념을 요구하는 성 제도를 확립한다. 그러한 개인적 사건이 아니더라도 진시황이 천하를 통일했다는 것은 부권이 강화될 대로 강화되었다는 것을 뜻한다. 진시황은 부권의 정점에서 성을 금기시하는 유교의 한 측면만을 극대화한 것이다. 오늘날 우리가 알고 있는 유교의 모습은 진시황 이후 한 방향으로 굳어져버린 유교의 모습이다.

원시유교는 페미니즘의 입장에서 얼마든지 재해석할 수 있는 측면을 가지고 있다. 유교가 페미니즘의 관점에서 재해석되지 않는 것은 유교가 재해석의 여지가 없어서가 아니라 우리의 근대가 서구 근대 제도를 받아들이는 형태로 진전되면서 유교의 사상적 전통으로부터 너무 멀어졌기 때문일 것이다. 이것은 한국의 페미니즘으로서는 불행한 일일 것이다.

페미니즘이 가장 큰 파괴력을 갖는 것은 남성 위주의 질서를 받치고 있는 전통 사상을 전복적으로 재해석했을 때이다. 아마도 서구의 페미니즘 이론들은 전통 사상을 전복적으로 재해석함으로써 구성되었을 것이며, 그렇기 때문에 서구 사회에 대해 일정한 영향력을 가질 것이다. 하지만 그러한 서구의 페미니즘 이론을 받아들여 전개되는 한국의 페미니즘은 한국 사회에 대한 영향력이 제한적일 수밖에 없으며, 자칫 협소해질 우려도 없지 않다.

한국 사회는 지속 가능한 사회인가?

생명력의 극대화로서의 풍요를 원리로 하는 원시유교의 관점에서 오늘날의 한국 사회를 보면 과연 어떻게 보일까?

　　1960~1970년대 농촌의 가족들을 생각해보자. 농촌 가족들은 대개 할아버지·할머니, 아버지·어머니, 아들·딸의 3대로 구성되어 있었고, 형제자매의 숫자가 많았다. 아버지는 그 많은 형제자매 중 장남이나 아들 중 하나를 선발하여 대학에 보내고, 딸들은 공장에 보냈다. 대학에 간 아들은 공장에 간 딸들의 지원과 소와 농토를 판 돈으로 대학을 졸업할 수 있었다. 이 무렵 한국의 경제성장은 이 공장에 간 딸들과 대학에 간 아들들에 의해 이루어졌다고 해도 과언이 아니다.

　　한국의 자본은 저임금 노동력과 고급 인력의 양성에 비용을 거의 지불하지 않았다. 그랬기 때문에 한국의 자본은 비약적 자본축적을 이룰 수 있었다. 그 비용을 대신 지불한 것은 농촌의 가족들이었다. 한국의 자본은 농촌의 대가족이 가지고 있던 자원과 생명력을 약탈하여 고도성장을 이루었다고 볼 수도 있다.

　　한국 농촌의 대가족은 이렇게 가지고 있는 자원과 생명력을 약탈당하면서 해체되어 핵가족 단위들로 전환되었다. 그런데 핵가족은 매우 취약한 가족 단위이다. 핵가족은 질병 등의 어려움이 겹치는 경우 어린아이의 보호와 교육, 노인 부양 등의 문제를 자체적으로 해결하기가 어렵다. 그리고 지원을 받을 만한 곳이 없어서 실업, 부채 등의 문제가 가족의 해체로 귀결될 가능성이 크다. 그렇기 때문에 핵가족화가 진전됨에 따라 육아, 노인 부양, 실업 등에 대한 사회보장제도의 확대가 필요하다. 한국 사회는 이미 핵가족 시대로 넘어온 지가 오래되었지만 사회보장제도는 그에 걸맞은 진전을 보이지 않고 있다. 한국의 자본은 이러한 노동력의 안정적 재생산에 필요한 비용을 거의 부담하지 않았다. 이미 핵가족 시대로 접어든 지 오래인데도 대가족에 대한 약탈 체제를 그대로 유지하고 있었던 것이다. 이러한 상황에서 핵가족은 육아, 노인 부양, 살인적 경쟁 시스템에 따른 과도한 교육비 등의 중압에 시달리고 있으며, 상시화한 실업의 위협 속에서 해체되거나 해체의 위기를 겪고 있다. 주어진 조건 속에서 생명력의 극대화를 향해 가고 있는 것이 아니라 생명력의 소진을 대가로 한 맹목적 자본축적을 향해 가고 있다. 그러나 한 사회의 생명력이 소진되면 자본도 설 자리를 잃을 수밖에 없기 때둔에 그런 방식의 자본축적은 한계에 부딪칠 수밖에 없을 것이다. 로자 룩셈부르크Rosa Luxemburg는 이에 대해 다음과 같이 말했다.

> 비자본주의적 조직들은 자본주의를 위한 비옥한 토양을 제공한다. 자본은 이러한 조직의 잔해를 자양분으로 삼으며, 이러한 비자본주의적 환경이 축적을 위해 필수적이지만 그럼에도 불구하고 자본주의는 이러한

매개물을 먹어치우는 대가로 전진한다.

한국의 자본주의는 농촌의 대가족이라는 비자본주의 조직을 먹고 자랐다. 그리고 1990년대 말 IMF 관리체제 이후에는 핵가족이라는 비자본주의 조직을 먹어치우기 시작했다. 핵가족은 사실 '남편은 취업을 통해 가족을 부양하고 아내는 육아 등 가사 노동을 전담'하는 시스템이라는 점에서 반봉건적 조직이다. 그런데 IMF 이후 대량 해고의 일상화·비정규직의 보편화·노동의 비숙련화·노동의 이동성 심화가 급격히 진전되면서, '남편은 취업을 통해 가족을 부양하고 아내는 육아 등 가사 노동을 전담'하는 시스템은 근본적으로 흔들리고 있다. 남성은 직업이 안정적이지 않은 경우가 많아졌고, 여성의 사회 진출이 활발하다. 하지만 여성의 노동은 비숙련 저임금인 경우가 많아 여성의 사회적 지위는 여전히 열악하다. 그리고 자본이 다른 나라로 자유롭게 이동하고 있고 해외 유학이 많아 가족이 내용적으로 해체되어 있는 경우도 많다. 사실 지금과 같이 직업이 불안정하고 이동성이 커진 사회에 가장 적합한 노동력은 혼자 사는 남자나 여자이다. 그리고 실제로 핵가족 제도가 내용적으로 무너지면서 그런 방향으로 가고 있다.

이렇게 성장에 대한 모든 부담을 가족에게 떠넘기는 가족에 대한 약탈 체제에서 최종적인 희생자는 여성이며,

그 약탈 체제가 한계점을 넘어 지속될 때 여성은 결국 결혼을 기피하거나 결혼하더라도 아이 갖기를 기피할 수밖에 없다. 그 결과는 1960년대 말에 100만 명이 넘었던 취학연령 아동이 2010년대에 접어들며 40만 명대로 떨어지는 심각한 저출산 현상이다. 저출산 경향이 현재 추세대로 심화되면 2030년대에는 출산율이 0에 가까워진다고 하니 한국 사회는 지속 가능한 사회가 아닌 셈이다. 지속 가능하지 않은 사회에서는 자본도 지속 가능하지 않다. 자본주의는 로자 룩셈부르크의 말대로 결국 자기 자신을 꼬리부터 먹어 치우는 뱀과 같은 존재인 셈이다.

핵가족 이후 시대의 유화들에게

나는 딸만 둘이다. 큰 녀석은 일본에 유학하여 문화인류학을 공부하는데 결혼에는 전혀 뜻이 없다. 그 이유는, 국내에서는 잘해야 시간강사일 것 같고 일본에선 대학이나 연구소에 자리를 잡을 수도 있을 것 같은데 일본에서 직장을 구할 각오까지 하면서 결혼할 남자가 있겠냐는 것이다. 그렇다고 결혼을 위해 학문과 사회적 활동을 포기하고 싶지도 않다는 것이다. 비정규직이라는 직업의 불안정, 일본에서의 취업이라는 노동의 이동성, 여성이라는 이유로 사회

활동을 포기하고 싶지 않다는 자각 등등이 골고루 갖춰져 있으니 아무래도 결혼을 기대하긴 힘들 것 같다. 작은 녀석은 아직 대학생이지만 결혼할 가능성이 있어 보이는데, 변변한 직장을 가진 배우자를 구하기도 어렵고, 이혼율도 급격히 높아진다는 기사들이 시도 때도 없이 나오니 아버지로서 불안하지 않을 수 없다. 평범한 가정의 아버지로서도 우리 딸들은 핵가족 이후 시대를 사는 거라는 생각을 하게 된다.

이렇게 핵가족 제도가 내용적으로 흔들리면서 나타나는 현상이 아이에 대한 과도한 애정이다. 남녀 사이의 감정적 유대가 불안정해지고 믿을 수 없는 것이 되면 아이가 생물학적·감정적 유대의 유일한 대안이자 보루가 된다. 그래서 태어나는 아이들의 숫자는 점점 적어지지만 그 아이들 하나하나는 말할 수 없이 귀한 과도한 애정의 대상이 된다.

과도한 것은 부족한 것만 못하다는 말이 있다. 이것은 어머니와 자식의 애정 관계에도 해당될 수 있는 말이다. 심리학에서는 정신병을 어머니와 아이의 이자二者관계로 퇴행하는 것으로 해석한다. 사람은 유아기에 어머니와의 이자 관계 속에서 지내다 이런저런 금기를 부과하는 상징적 아버지(생물학적 아버지가 아니다)를 통해 사회관계 속으로 들어온다. 이렇게 해야 정상적인 관계를 맺으며 살아갈 수 있다. 정신병은 어떤 정신적 충격이 계기가 되어 유아 때의 어머니와의 이자 관계로 퇴행하는 것이다. 이렇게 되면 환각 속에서 살아가게 되는데 이것이 바로 정신병이라는 것이다.

근래로 오면서 초·중등 단계의 아이들에게서 ADHD주의력 결핍 과잉 행동 장애가 급격히 늘어나고 있다. 생리적 결함에서 오는 ADHD가 그렇게 갑자기 늘 수 있는 건 아닌 것 같으니 그 대부분은 다른 데 원인이 있고 증상만 유사한 의사 ADHD일 것이다. 의사 ADHD는 다른 데에도 원인이 있겠지만 어머니의 과보호도 그 원인의 하나로 보인다. 지나친 과보호는 타자와의 관계를 어렵게 만든다. 타자와의 관계가 어려워지면 정체성이 안정이 안 되고 유동화되어 아이는 여러 정체성들 사이를 그때그때 오가게 된다. 이것이 극단화되면 다중 인격자처럼 여러 인격 사이를 오가기 때문에 당연히 집중을 할 수 없는 것이다.

최근 대학에서 새로 생긴 풍속도 중의 하나는 어머니들이 자식의 수강 신청을 대신 해주고 교수도 대신 만나주는 것이라고 한다. 이미 성인이 된 자식의 일에 그렇게 개입하는 것은 지나쳐 보인다. 그러한 자기 자식에 대한 몰입이 과연 자식에게 안정되고 행복한 세상을 줄 수 있는 건지, 혹시 그것마저도 과거의 농촌 대가족이나 핵가족이 그랬듯이 자본이 이윤의 축적을 위해 먹어치우는 마지막 비자본주의 조직은 아닌지 한 번쯤 시야를 넓혀 생각해봐야 하지 않을까?

전철을 타고 가다가 여기저기 붙어 있는 저출산 관련 광고문을 보았다. 그 광고문을 보면서 나는 무척 화가 났다. 저출산 문제를 해결하기 위해 가장 필요한 것은 한국 자본주의의 가족에 대한 약탈 체제를 수정하는 것이다.

육아 · 노인 부양 · 실업 · 의료 등에 대한 사회보장의 확대와 그를 통한 사회적 일자리의 창출, 경쟁 체제의 완화와 해소를 통한 교육비의 경감, 안정적 고용의 확대를 지향하는 정부 정책이 가장 필요한 것이다. 그런데 정부는 사회보장의 축소, 경쟁 체제 강화를 통한 사교육비 부담의 증가, 비정규직 확대와 같은 역방향의 정책을 펼치고 있다. 그러면서 버젓이 저출산 문제를 호소하는 광고를 하는 것은 저출산의 원인을 여성들의 개인주의, 이기주의로 몰고 가는 것이다. 여성은 어떤 상황에서라도 아이를 낳아 잘 기르는 게 의무인데 젊은 여성들이 너무 이기적이고 방종해서 이 의무를 방기하고 있다고 그 광고는 말하고 있는 것이다. 이것은 우리 사회에 팽배해 있는 가부장적 이데올로기를 빌려 가족에 대한 약탈 체제 위에 서 있는 한국 자본주의의 본질을 숨기는 것이다.

정말 여성들의 사회적 · 정치적 자각이 필요한 때인 것 같다. 한국 자본주의의 가족에 대한 약탈 체제를 넘어서지 않으면 여성의 진정한 권리 신장은 가능한 일이 아니다. 한국의 페미니즘은 이러한 데까지 폭과 시야를 넓혀야 하는 게 아닐까? 그래야 저 신화의 세계에 등장하는 버들어머니 유화처럼 황폐해진 한 세계로부터 새로운 세계를 창조해낼 수 있는 게 아닐까? 그런 의미에서 고구려 주몽 신화를 유화의 신화로 다시 음미해보자.

**신들의
시장**

―

인간은
경제적 동물인가?

―

동양의 성인들은 왜 모두 귀가 큰가?

재작년과 작년에 나는 중국 상하이 근처 쑤저우에 있는 쑤저우대학 한국어과에서 중국 학생들을 가르쳤다. 다행히 중국 학생들과 교수들이 두루 좋아해서 행복한 1년을 보내고 왔다. 그런데 이렇게 중국 학생들과 교수들이 나를 좋아하는 이유에는 내 큰 귀도 한몫을 톡톡히 했다. 우리나라 사람들도 관상학적으로 귀가 크면 복이 있다고 큰 귀를 좋아하지만, 중국 사람들은 우리나라 사람들과는 비교가 안 될 정도로 큰 귀를 좋아했다. 일 년간의 교수 노릇을 마치고 돌아올 무렵이 되니까, 학생들이 처음 수업에 들어오던 날 내 큰 귀를 보고 정말 놀랐다는 이야기를 많이 했다. 심지어는 길거리에서 길을 묻는 낯선 사람들까지 유독 나에게 와서 물었다. 나는 중국 말을 못 알아듣는 터라 그때마다 애를 먹었는데, 왜 사람들이 유독 나에게 와서 길을 물을까 곰곰이 생각해보니 그것도 큰 귀가 주는 인상 때문인 것 같았다.

중국의 도교 사원에 가보면 중국 사람들이 타고난 상인이라는 말을 실감하게 된다. 도교 사원에서 인기가 높아 향과 재물이 가장 많이 쌓이는 대상은 단연 『삼국지』에 나오는 관운장이다. 도교 사원마다 커다란 관운장의 상이 있고 거기엔 향과 돈이 넘쳐난다. 왜 사람들이 관운장에게 향과 돈을 그렇게 많이 바치는가 물었더니 관운장이 돈을 벌게 해주는 신이기 때문이라고 했다. 도무지 이해할 수 없는 말이었다. 관운장은 돈과는 무관하게 무장으로 청빈하게 산 사람인데 어떻게 돈을 벌게 해준다는 말인가? 대답인즉, 관운장은 신의가 매우 두터웠으니 향과 돈을 바치면 신의를 지켜 반드시 돈을 벌게 해줄 것이기 때문이라 했다. 참 타고난 장사꾼의 발상이 아닐 수 없다. 그런데 그 인기 좋은 관운장의 귀도 귓불이 늘어진 큰 귀였다.

관운장이든 유비 현덕이든 부처든 공자든, 중국에서 만나는 성인상의 귀는 한결같이 귓불이 축 늘어진 큰 귀다. 왜 동양의 성인들은 모두 귀가 큰 것일까? 아니, 왜 동양 사람들은 성인은 모두 귀가 크다고 생각했을까? 왜 큰 귀를 성스러움의 징표로 생각하는 걸까?

성스러울 '성聖' 자는 옛날엔 다음과 같이 썼다.

큰 귀 옆에 입 모양을 그려놓은 것이다. 뛰어난 청력으로 무언가를 잘 듣고 말해준다는 뜻일 게다. 무엇을 듣고 말해준단 말인가?

동양에서는 역사 이전의 시대를 황금시대, 성인의 시대, 삼황오제의 시대로 구분한다. 황금시대는 자연이 풍요로워 인간이 일하지 않아도 행복하게 살 수 있었던 시대이다. 성인의 시대는 특별히 뛰어난 능력으로 집단에 큰 기여는 하지만 권력을 갖지는 않는 성인이 리더였던 시대다. 삼황오제의 시대는 권력이 형성되고 사회제도가 자리 잡는 역사시대 직전의 단계이다.

문화인류학자들의 연구에 따르면 신화에 나오는 황금시대의 실제 모델이 될 만한 시대가 있었다고 한다. 구석기와 신석기 사이의 중석기 시대인데, 유골을 분석해보면 하루 두세 시간의 노동을 했고, 가장 풍부한 영양 상태를 보여준다고 한다. 그 시대는 빙하기 끝머리여서 지구가 초원으로 덮여 있었고, 그 초원에 거대 동물들이 떼를 지어 살았다. 열매도 풍부하고 사냥 기술이 발달하여 하루 두세 시간 정도 일하면 걱정 없이 먹고살 수 있었다고 한다.

그런데 기온이 점점 높아지면서 지구는 점차 숲으로

덮이고 초원이 사라진다. 여기에 과도한 사냥으로 거대 동물이 멸종하여 육식이 귀해지는 등 생존이 어려워졌다. 이러한 때에 뛰어난 청력으로 먼 곳의 동물 움직임을 파악할 수 있는 능력을 지닌 사람은 집단의 생존에 큰 도움이 되었을 것이다. 하지만 이들은 봉사는 하되 권력을 갖지는 않았다. 이러한 사람들을 문화인류학에서는 수장이라고 한다. 북아메리카 인디언의 추장이 바로 봉사는 하되 권력은 갖지 않는 수장에 해당한다. 문화인류학자들은 인간 사회가 발달 과정에서 대개 이 수장의 시대를 거치는 것으로 본다. 동양에서 말하는 성인의 시대란 바로 수장들의 시대를 말하는 것일 게다.

동양에서는 이 성인을 최고의 인간적 이상으로 보았기 때문에 고대 왕들에 대한 기록에는 왕을 이러한 성인으로 미화하는 표현이 심심치 않게 보인다. 예컨대 선덕여왕은 어느 날 개구리 우는 소리를 듣고 여근곡에 즉시 군사를 보내라고 장군에게 명령했다. 장군이 반신반의하면서 가보니 실제로 백제 군사들이 기습을 위해 매복해 있었다. 장군이 백제 군사들을 물리친 후 돌아와 백제 군사들의 매복을 어떻게 알았냐고 묻자, 선덕여왕은 어릴 때 여근곡이라는 곳에 가서 개구리 울음을 들은 적이 있는데 그 개구리들이 궁궐 가까이 와서 우는 걸 듣고 여근곡에 무슨 큰일이 있는 줄을 알았다고 했다. 특별한 청력으로 집단을 위기에서 구했으니 성스러울 '성' 자의 뜻에 맞는다.

그런데 아무리 위대한 왕이라도 성인과 일치할 수는 없다. 성인은 '진정한 청력'이라는, 권력이 발생할 수 있는 근거와 정당성을 가지고 있음에도 불구하고 권력을 갖지 않은 사람이고, 제도적 권력으로서의 왕은 자기 권력의 정당성을 확보하기 위해 '진정한 청력'을 추구하거나 그것이 불가능하면 위장이라도 해야 하는 사람이니 그 근거부터 본질적으로 다른 존재다.

"민심民心은 천심天心이고, 하늘의 뜻을 듣는 것은 임금의 일이다"라는 말이 있다. 이러한 유교적 교리 때문인지 동양의 고대 왕들은 많건 적건 '진정한 청력'을 추구하려는 노력을 했다. 민담과 민요를 수집하여 기록하는 패관稗官이라는 관리를 둔 것도 그러한 노력의 일환이었다. 이 패관들의 기록에 의해 남겨진 문학적 유산이 바로 고려시대의 『파한집破閑集』, 『백운소설白雲小說』 같은 것들이며, 유교 경전 중 으뜸인 『시경』 또한 마찬가지다. 패관은 말하자면 하늘의 뜻인 민심을 듣는 임금의 일을 부분적으로 대신한 사람이라 할 수 있다.

동양에서의 폭군은 진정한 청력의 문제를 외면할 뿐만 아니라 그것에 대한 문제 제기 자체를 말살하려는 사람이다. 그 문제 제기를 말살하려면 이야기가 돌아다니지 못하도록 봉쇄해야 한다. 이야기가 돌아다니는 것을 봉쇄하면 어떤 일이 일어날까? 우리나라 민담을 하나 살펴보자.

옛날에 이야기를 무척 좋아하는 아이가 있었다. 이 아이는 여기저기 이야기판을 기웃거리며 이야기를 듣는 걸 일삼아 했다. 그런데 이 아이는 그렇게 들은 이야기를 남에게 해주는 법이 없었다. 들은 이야기를 이야기 주머니에 꼭 꼭 넣기만 할 뿐 아무에게도 이야기를 해주지 않았다. 그렇게 이야기가 가득 찬 주머니를 몇 년이고 허리춤에 차고 다니기만 했다. 그러니 주머니에 갇힌 이야기들이 갑갑해할밖에. 원래 이야기란 이리저리 돌아다녀야 하는데 주머니에 갇혀 숨도 크게 못 쉬고 오래 묵으니 이야기들이 모두 귀신이 되어버렸다.

이 아이는 커서 총각이 되었고 장가를 가게 되었다. 장가가기 전 어느 날 머슴과 한 방에서 잠을 자는데, 머슴이 잠을 자다 보니 어디선가 쑥덕쑥덕 이야기하는 소리가 들렸다. 뭐가 그러나 하고 귀 기울여보니 총각이 허리에 차고 있는 이야기 주머니에서 들리는 소리였다. 이야기 귀신들이 저희끼리 쑥덕거리고 있었다.

"이 원수를 어떻게 갚지?"

한 놈이 그러니까,

"아무 날 이놈이 장가를 든다 하니 그때 없애버리자."

딴 놈이 대답했다. 그러니까 또 딴 놈들이,

"나는 이놈의 초행길에 먹음직스러운 배로 달려 있다가 이놈이 따 먹으면 즉사하게 하겠어."

"만약 배를 따 먹지 않고 지나가면, 나는 옹달샘이 되어 있다가 이놈이 떠먹으면 죽게 할 거야."

"만약 이놈이 물도 안 먹고 지나치면, 나는 행례청에 바늘방석이 되어 있다가 이놈이 앉으면 찔려 죽게 할 거야."
했다.

머슴이 들어보니 참 큰일이었다. 그래서 주인집 신랑이 장가가는 날 한사코 따라나섰다.

"네놈이 뭘 한다고 따라와?"

신랑은 못 따라오게 했지만 머슴은 부득부득 따라가겠다고 우겼다. 그래서 신랑은 하는 수 없이 머슴을 경마잡이로 데리고 갔다.

신랑이 신부 집으로 가다 보니 큰 배나무에 먹음직스러운 배 하나가 매달려 있었다. 신랑은 군침을 흘리며,

"얘야, 저 배 좀 따 오너라."
했다. 하지만 머슴은,

"초행길에 그런 거 따 먹으면 동티 나요."
하면서 들은 척 만 척 발걸음을 빨리해 그곳을 지나쳤다. 신랑은 따라오지 말랬더니 따라와서 훼방만 놓는다고 막 화를 냈다.

또 한참 가다 보니 옹달샘이 있는데 물이 참 맑고 좋

아 보였다. 신랑은 마침 목이 마른 터라 말을 멈추어 물을 먹고 가자고 했다. 하지만 머슴은,

"초행길에 말에서 내리면 동티 나요."

하면서 막무가내로 길을 재촉했다. 신랑은 부아가 잔뜩 나서 죽일 놈 살릴 놈 욕을 해댔다.

이렇게 해서 신랑은 무사히 신부 집에 도착했다. 초례청에 들어가 보니 신랑이 앉을 자리에 방석이 놓여 있었다. 머슴이 가만히 보니 방석 밑에 바늘이 잔뜩 돋은 또 하나의 방석이 놓여 있었다. 머슴은 신랑이 막 방석에 무릎을 꿇고 절을 하려는 순간 신랑을 번쩍 안아다 다른 곳에 놓고 바늘 방석을 치워버렸다.

신랑은 사정도 모르고 머슴에게 집에 돌아가면 요절을 내겠다고 을러댔다. 머슴은 전후 사정을 신랑에게 털어놓았다. 신랑은 그제야 머슴이 자기 목숨을 구해준 걸 알고 고마워했다.

그리고 이야기 주머니를 활짝 열어 이야기들을 풀어 주었다. 그때부터 이야기들은 훨훨 마음대로 날아 돌아다니게 되었다.

돌아다니지 못하도록 봉쇄당한 이야기는 오래 묵으면 귀신이 되어 이야기를 봉쇄한 당사자를 공격하여 파멸시킨다. 이렇게 봉쇄당한 이야기의 보복은 까마득한 옛날의

일만은 아닌 것 같다. 예컨대 이집트의 민주화운동을 생각해보자. 이집트 민주화운동의 문제의식과 정당성의 근거는 무엇인가? 공식적 권위와 권력이 진정한 청력을 잃어 그 정당성을 상실했다는 게 문제의식 아닌가? 민주화운동 진영이 공식적 권위와 권력이 갖지 못하는 진정한 청력을 가지고 있다는 게 정당성의 근거가 아닌가? 무바라크는 진정한 청력의 상실을 숨기기 위해 이야기를 가두었고, 이제 그 묵은 이야기의 보복으로 파멸한 것이 아닌가?

새의 말을 알아듣는 자는 성스럽다

특별한 청력이 성스러움의 징표가 되기는 서양의 경우도 마찬가지였다. 그림 동화집에 나오는 「세 가지 말」이라는 이야기를 살펴보자.

옛날 스위스에 나이 든 백작이 살고 있었다. 이 백작에게는 멍청한 아들이 하나 있었다. 얼마나 멍청한지 무엇 하나 제대로 배워 익히는 게 없었다.
어느 날 더 이상 답답함을 참을 수 없게 된 아버지가 아들을 불러놓고 말했다.
"아들아, 잘 들어라. 해볼 수 있는 건 다 해보았는데 너에게는 아무것도 가르칠 수가 없구나. 유명한 스승님께 널 가르쳐달라고 부탁해놓았으니 넌 이제 집을 떠나거라."

그리하여 젊은이는 어느 낯선 도시로 갔다. 그는 유명하다는 스승 밑에서 꼬박 일 년 동안 배웠다. 일 년이 지나 집으로 돌아온 젊은이에게 아버지가 물었다.

"그래, 아들아, 뭘 배워 왔느냐?"

"아버지, 개들의 말을 알아듣는 법을 배워 왔습니다."

그러자 아버지는 크게 한탄을 했다.

"오, 하느님 맙소사! 네가 배워 왔다는 게 고작 그거냐? 안 되겠다, 이번에는 다른 도시에 있는 스승님에게 가보거라."

젊은이는 다른 도시로 가서 또 일 년 동안 스승 밑에서 지냈다. 그가 집에 돌아오자 아버지가 물었다.

"애야, 이번엔 뭘 배워 왔느냐?"

"새들의 말을 알아듣는 법을 배워 왔습니다."

그러자 아버지는 몹시 화를 냈다.

"넌 정말 형편없는 녀석이로구나! 귀중한 시간을 아무것도 배우지 못하고 헛되이 보내고 오다니. 널 세 번째 스승님에게 보내겠다. 이번이 마지막이야. 만일 이번에도 제대로 배워 오지 못한다면 그때부터 넌 내 아들이 아니다."

젊은이는 세 번째 스승 밑에서 또 일 년을 보냈다. 그가 집에 돌아오자 아버지가 또다시 물었다.

"얘야, 뭘 배워 왔느냐?"

"개구리 울음소리를 알아듣는 법을 배워 왔습니다, 아버지."

그 말에 아버지는 화가 머리끝까지 나서 시종들을 불러놓고 길길이 뛰면서 말했다.

"이놈은 이제 내 아들이 아니다. 이놈을 숲으로 끌고 가 없애버려라."

시종들은 젊은이를 숲으로 데려갔다. 하지만 젊은이가 불쌍해 차마 죽이지 못하고 살려 보냈다. 그들은 백작에게 젊은이의 것 대신 사슴의 혀와 눈을 가져다 바쳤다.

숲에서 도망쳐 나온 젊은이는 혼자서 세상을 떠돌아다녔다. 그러던 어느 날 저녁 어느 성에 이르러 하룻밤만 재워달라고 부탁했다.

"그대가 죽을 각오가 되어 있다면 저 낡은 탑에서 하룻밤을 묵어 가도 좋다. 하지만 분명히 경고하는데 목숨을 잃을지도 모른다. 그 탑에는 사나운 개들이 우글거리며 끊임없이 짖어대고 울부짖는다. 그놈들에겐 이따금 산 사람을 던져주어야 한다. 그럼 그놈들은 눈 깜빡할 사이에 다 뜯어먹고 말지."

그 성의 사람들은 그 개들 때문에 큰 두려움과 고통을 겪으며 살고 있었다. 하지만 아무도 그 개들을 어찌지 못했다. 그러나 젊은이는 두려워하는 기색도 없이 말했다.

"좋습니다. 탑으로 가서 그 개들과 부딪쳐보겠습니다. 다만 개들한테 던져줄 먹이를 좀 주십시오. 그 개들은 절대 저를 해치지 않을 겁니다."

젊은이는 계속 그 탑에 들어가겠다고 고집을 부렸다. 그래서 성주는 그에게 개들에게 줄 먹이를 주어 탑 안으로 들여보내주었다.

그가 들어가자 개들은 덤벼들기는커녕 다정하게 꼬리를 흔들면서 그의 주위에 모여들었다. 개들은 그가 던져주는 먹이만 받아먹을 뿐 그의 머리카락 하나 건드리지 않았다.

이튿날 아침 그가 멀쩡한 모습으로 걸어 나오자 사람들은 모두 놀랐다. 그가 성주에게로 가서 말했다.

"개들은 저에게 자기들이 왜 거기 머물며 나라의 골칫거리 노릇을 하고 있는지 그 까닭을 말했습니다. 물론 개들의 말로 했지요. 누군가 저 개들에게 마법을 걸어놓았습니다. 탑 밑에 묻혀 있는 엄청난 양의 보물을 지키도록 그렇게 한 겁니다. 그 보물이 꺼내질 때까지 개들은 쉴 수가 없습니다. 물론 그것을 꺼내는 방법도 개들이 알려주었습니다."

이 말을 듣고 모두가 크게 기뻐했다. 성주는 만약 그가 무사히 보물을 꺼내 오면 자기 아들로 삼겠노라고 약속했다.

젊은이는 다시 탑으로 갔다. 그는 어떻게 해야 하는지

잘 알고 있었으므로 금이 가득 들어 있는 큰 궤짝을 무사히 끌어내 왔다. 그때부터 개들은 더 이상 짖지 않았을 뿐만 아니라 다시는 모습을 나타내지도 않았다. 그래서 그 지역은 개들로 인한 괴로움에서 완전히 벗어났다.

얼마 뒤 젊은이는 로마에 가기로 마음을 먹었다. 가는 도중 젊은이가 늪지대를 지나는데 개구리 여러 마리가 개굴개굴 울고 있었다. 그는 걸음을 멈추고 귀를 기울였다. 잠시 후 그는 아주 우울한 얼굴이 되었다. 마침내 그는 로마에 도착했다. 그곳에서 교황이 죽었다는 소식을 들었다.

추기경들은 아직 누구를 새 교황으로 세울지 결정을 못하고 있었다. 그러다가 마침내 하느님의 기적의 표지가 나타나는 사람을 교황으로 추대하기로 뜻을 모았다. 막 그런 결정이 내려지는 순간, 마침 젊은이가 교회로 들어왔다. 그러자 갑자기 하얀 비둘기 두 마리가 젊은이의 어깨에 내려앉아 날아가지를 않았다. 추기경들은 그것을 하느님의 기적의 표지로 보고 교황이 되어줄 수 없겠느냐고 물었다.

젊은이는 자기가 교황의 자격이 있는지 몰라 우물쭈물했다. 하지만 비둘기들이 귀찮게 권해서 젊은이는 교황이 되기로 마음을 먹었다. 그는 기름이 부어져 성별聖別되었다.

이렇게 해서 젊은이가 로마로 오는 도중에 개구리에게 들었던 말이 현실이 되었다. 개구리들은 젊은이가 신성한 교황이 될 것이라고 예언했던 것이다.

젊은이는 미사를 집전해야 했는데 미사의 말을 하나도 알지 못했다. 하지만 두 마리의 비둘기가 젊은이의 양쪽 어깨에 앉아 필요한 말들을 젊은이의 귀에 속삭여주었다.

이 이야기의 신화적 버전은, 에덴동산에선 인간이 동물과 친구였고 서로 말이 통했다든지, 황금시대에는 인간과 맹수가 사이좋게 함께 지내며 서로 말이 통했다는 유일 것이다. 신이 창조한 태초의 유토피아에서는 모든 인간이 신성했기 때문에 누구나 동물의 말을 알아들을 수 있었다.

이 이야기의 전설적 버전은 '아무개라는 성자가 동물의 말을 알아들었다'는 유의 것이다. 이러한 성자 이야기는 동서양 구분 없이 널리 퍼져 있다. 전설은 역사시대의 이야기이다. 사회가 세속화하면서 성스러움은 모든 인간의 속성에서 특별한 사람들의 속성으로 축소된다. 이들이 성자다. 동물의 말을 알아듣는 특별한 청각적 능력 또한 모든 사람들의 능력에서 성자만의 능력으로 축소된다.

이 이야기는 민담이다. 민담은 인간 사회의 세속화가 더 진전되어 성스러운 것에 대한 믿음이 희미해진 시대의 산물이다. 민담은 처음부터 '이것은 그냥 재미있으라고 꾸며낸 이야기야'를 전제로 하는 옛이야기다. 이 이야기에서 신성함은 희화화된 모습으로 나타난다. 동물의 말을 알아듣는 주인공이 바보라는 설정도 그렇고, 동물의 말을 알아듣는 능력이 주인공의 성스러운 속성에서 오는 게 아니라 스승한테서 배운 기술로 처리되는 것도 그렇다.

　민담은 또한 재미있으라고 하는 이야기이기 때문에 이 이야기 저 이야기에서 재미있을 법한 모티프를 따다 쓴다. 바보 아들에게 살아갈 능력을 키워주기 위해 과제를 주어 세상으로 내보내는 모티프, 모든 것이 비슷하게 삼세번 반복되는 모티프, 마음에 들지 않는 자식을 죽이라고 하인을 숲으로 보냈는데 하인이 불쌍히 여겨 살려 보내고 동물을 죽여 대신하는 모티프, 보물을 지키는 개의 모티프 등은 다른 옛날이야기에서 많이 본 것들이다.

　그런데 민담은 곰곰이 그 심층을 들여다보면 묘한 저항 의식이 숨어 있다. 앞의 민담 역시 마찬가지이다. 앞의 민담에서 표면적으로 희화화되고 있는 대상은 바보 주인공이다. 하지만 이야기의 심층을 들여다보면 희화화되고 있는 대상은 바보 주인공이 아니라 아버지, 추기경 등의 공식적 권위이다.

　이 이야기에서 아버지라는 공식적 권위는 아들의 특별한 청력이 갖는 가치를 깨닫지 못한 채 겉모습만 보고 아들을 바보라고 생각한다. 그러니 진짜 바보는 아들이 아니라 아버지라는 공식적 권위이다. 추기경들은 젊은이의 어깨에 비둘기가 내려앉아 떠나지 않는 겉모습만 보고 젊은이를 교황으로 추대하는데, 젊은이는 자신이 교황이 될 자격이 있는지를 진지하게 고민하고 망설인다. 그러니 바보는 젊은이가 아니라 추기경이라는 공식적 권위이다. 젊은이는 교황이 되어 성경 등의 책을 보고 미사를 집전하는 게 아니라 비둘기가 해주는 말을 듣고 미사를 집전한다. 진정한 성스러움은 형식화된 교리와 격식에서 오는 게 아니라 진정한 것을 듣는 청력에서 오는 것이다.

위의 민담이 심층적으로 제기하고 있는 것은 결국 진정한 청력의 문제다. 아버지나 추기경 같은 공식적 권위와 형식화된 신성함은 이미 진정한 청력을 잃어 그 신성성을 상실했다는 것이다. 진정한 청력은 오히려 공식적 권위와 형식화된 신성함에 의해 무시되고 소외되어온 바보 같은 것들 속에 있으며, 그렇기 때문에 그 바보 같고 소외된 것들이 진정한 신성함을 지니고 있다는 것이다.

새들의 이야기를 알아듣는 자는 왜 성스러운가?

그런데 새의 말을 알아듣는 게 왜 성스러움의 근거가 되는 것일까? 도대체 새의 말을 알아듣는 것이 뜻하는 바는 무엇일까?

응시 이론에 따르면 그림이란 화가의 일방적 시선이 포착한 대상을 그리는 것이 아니라고 한다. 화가만이 일방적으로 시선을 보내는 게 아니라 사물도 화가를 향해 응시를 보내온다. 그림은 이 시선과 응시가 만나는 지점에서 이루어진다고 한다.

응시 이론에 딱 맞지는 않지만 이해를 위해 비유적인 예를 들어보자. 내 친구 중 하나는 젊은 시절에 한동안 어느 대학 뒤의 숲길을 지나가지 못했다. 왜 그러냐고 끈질기게 물어보았더니 그 숲길에는 실패한 첫사랑의 기억이 너무 강하게 남아 있어서 갈 수가 없다고 했다. 그 숲길에 있는 이러저러한 사물들은 나에게는 내 일방적 시선에 포착되는 별 느낌 없는 대상에 불과하지만, 그 친구에게는 무언가 강한 느낌을 주는 반짝임으로 다가올 것이다. 그 친구는 그곳의 사물들이 보내오는 강한 느낌의 충격이 두려워 그 숲길을 피한 것일 게다. 화가에게 보내오는 사물의 응시도 이와 비슷하다.

어린아이는 성장하면서 언어를 배우고 사회 문화 질서 속으로 들어오게 된다. 그 과정에서 아이는 유아기에 상상적으로 완전한 만족감을 주었던 어머니에게서 분리된다. 유아기에 가졌던 어머니와의 몰입적 이자 관계의 충만감은 억압된다. 하지만 이 영원히 상실된 유토피아로서의 어머니는 아주 사라지는 게 아니라 무의식 속에 어머니의 눈빛, 유방, 음성 등등으로 파편화되어 남는다. 어느 대학 뒤의 숲길이 내 친구에게 영원히 상실된 첫사랑의 유토피아를 환기

시키듯이, 화가에게 응시를 보내오는 사물은 바로 이 억압되어 무의식 속에 파편으로 존재하는 영원히 상실된 유토피아로서의 어머니를 환기시키는 것이다.

'새들의 이야기를 알아듣는다'는 말을 응시 이론의 용어로 바꾸면 '사물이 보내오는 응시를 포착하고 이해한다'가 될 것이다. 물론 이 응시는 개인에게는 성스러운 것일 수 있다. 영원히 상실한 유토피아로서의 어머니를 환기시키니까. 하지만 이 응시가 개인의 차원을 넘어서서도 성스러움과 관련될 수 있을까? 우리는 최근에 이 물음에 답이 될 만한 희귀한 경험을 했다. 4대강 사업과 관련되어 야기되었던 사회적 갈등이 그것이다.

4대강 사업을 반대하거나 신중론을 폈던 많은 사람들의 논리의 바탕에는 응시가 숨어 있다. 4대강으로 상징되는 삶의 터전은 단순한 경제 논리로 마음대로 쉽게 뒤집어엎을 수 있는 대상이 아니라는 것이다. 그러기엔 너무 많은 역사와 기억과 응시가 거기에 있는 것이다. 이는 그곳을 삶의 터전으로 해서 살아가는 내부자의 시선이다.

4대강 사업이 추진되는 과정에서 가장 놀라운 것은 다수의 반대가 있었음에도 불구하고 별다른 논의 과정이나 고민 없이 사업이 일방적으로 추진되었다는 점이다. 이는 4대강 사업을 밀어붙였던 세력에게 응시가 전혀 없다는 걸 의미한다. 그들에겐 일방적인 시선만이 있었다. 그들에게 4

대강은 깃들여 살아왔고 살아갈 터전이 아니라 경제적 이해관계에 따라 일방적인 시선으로 바라보고 계획하고 뜯어고칠 수 있는 대상에 불과했다. 이것은 여기 깃들여 사는 내부자의 입장이 아니라 여기의 삶과는 무관한 외부자의 입장이다.

    4대강 사태는 응시가 없는 외부자의 시선이 지배하는 한국 사회를 과연 하나의 사회 공동체라고 할 수 있는가 하는 의문을 제기한다. 응시, 신화적 표현으로 하면 새들의 이야기를 알아듣는 능력은 어쩌면 한 사회를 공동체일 수 있게 하는 신성한 것의 다른 이름이 아닐까? 그것이 가볍게 무시되는 사회는 공동체로서는 이미 해체된 사회가 아닐까? 가상적인 적에 의존하는 공동체라는 환상만이 유령처럼 떠도는 사회가 아닐까?

시장인가? 신들의 시장인가?

    외부자의 시선이 지배하는 한국 사회는 일제 식민 지배와 분단의 역사를 생각하면 한편으로는 당연한 역사적 결과라고 할 수도 있다. 일제 잔재 청산이 이루어지지 않은 채 분단의 왜곡된 역사를 거치면서 외부자보다도 더 외부자 같은 자들이 우리 사회의 주류를 이루어왔으니 말이다.

하지만 또 한편으론 이른바 신자유주의로 일컬어지는 근래의 흐름도 크게 작용하고 있는 게 사실이다. 미국발 금융 위기 이후 우리는 세계 권력으로 부상한 세계 금융자본이 야기한 국민국가의 위기를 목도하고 있다. 그리스 사태나 프랑스 시위 사태 등에서 보듯이 국민국가들은 사회 복지와 같은 공동체적 기능의 해체를 강요받고 그에 저항하며 세계 금융자본과 길항하고 있다. 사람들은 이러한 흐름 속에서 모든 진정한 가치를 포기한 채 시장이라는 정글을 살아가는 경제적 동물이기를 강요받고 있다.

사람은 경제적 동물인가? 많은 문화인류학자들이 지적하듯이, 경제적 동기와는 다른 동기들이 인간과 사회를 움직여나가는 다양한 문화들이 존재했고, 또 존재하고 있다. 인간은 경제적 동물이라는 규정은 근대 자본주의 문화에 특수한 것이다.

마르크스는 시장의 기원을 공동체와 공동체가 만나는 경계에서 이루어지는 재화의 교환에서 찾는다. 이렇게 보면 시장은 공동체 밖에서 생겨난 공동체적 원리와 무관한 것이 되고, 시장의 원리는 순 경제적인 것으로 공동체적 원리와 대립되는 것으로 보게 된다. 이렇게 시장의 원리와 공동체의 원리를 대립적인 것으로 보는 견해는 마르크스주의 경제 이론이나 자본주의 진영의 경제 이론이나 다르지 않다. 그래서 마르크스주의는 시장이 폐기되어 공동체적 원리가 전일적으로 관철되는 공산주의 사회를 꿈꾸었고, 신자유주의는 시장에 간섭하지 않는 최소 국가, 국가 간 경제적 국경의 폐기를 주장하며 시장 원리의 전일적 지배를 꿈꾼다. 하지만 현실 사회주의의 붕괴와 세계 금융자본이 야기한 작금의 경제적 위기를 보면 전자나 후자나 비현실적이긴 마찬가지이다.

　　신화와 고대의 기록을 보면 마르크스가 말한 시장의 기원은 틀렸다. 시장은 공동체와 공동체가 만난 시점에 기원을 두고 있는 게 아니라, 그 이전에 하나의 자족적 공동체 안에서 발생했다.

　　부족 공동체에서는 아침에 해가 떠오를 때 그 마을의 동쪽에 부족원들이 모두 모여 떠오르는 해에게 제사를 지냈다. 그 장소는 가운데가 움푹 들어간 둥근 언덕의 모양이다. 그 언덕엔 거대한 신목神木들이 자라고 있으며, 후대로 오면 해가 뜨는 쪽에 일층을 창고로 쓰는 누각을 지었다. 『시경』에는 이 장소가 '완구梡丘'라고 표현되어 있는데, 주발 모양으로 가운데가 움푹 들어간 언덕이란 뜻이다. 이곳은 제사, 공동체의 중요 사항에 대한 토론과 결정, 남고 부족한 물건의 교환, 축제와 연애, 남는 물자의 보관 등 모든 공동체의 기능이 종합적으로 이루어지는 장소였다. 특히 남는 식량이나 물자는 누각 밑의 창고에 보관했는데 이 창고를 신의 창고라 했다. 신의 창고에 저장된 물자는 과부와 고아, 홍수 등 자연재해 시 부족원의 생존을 위해 쓰였다. 단군신화에 나오는 신시神市도 바로 그러한 곳이었다. 단군신화의 신시는 중국의 『산해경』에는 '대인시大人市'로 기록되어 있다. 이러한 시장은 환웅 부족에게만 있었던 게 아니라 부족 공동체 단계에 일반적으로 있었던 것으로 고대 기록들에 심심치 않게 등장한다.

사회가 더 발전하여 부족 연합이 이루어지고 국가와 왕권이 성립되면서 왕은 시장이 가지고 있던 정치적·종교적 기능을 가져가고 신의 창고를 독점하여 사유화한다. 그럼에도 불구하고 시장의 공동체적 기능이 쉽게 사라지지 않아 왕권에 위협이 되었으므로 고대 국가의 왕들은 시장을 격하시키기 위한 강제적 조치를 취할 수밖에 없었다. 그래서 젊은이들이 시장의 큰 나무 아래 모여서 가무와 연애를 즐기고 일을 하지 않아 시장의 나무들을 다 잘라버렸다는 등의 기록들이 심심치 않게 남아 있다.

시장의 기원을 이와 같이 본다면 시장과 공동체, 시장과 국가는 대립적인 관계가 아니라 상호 보완해야 할 관계이며 상호 균형이 이루어져야 하는 관계다. 그리고 시장이 가지고 있던 신창神倉의 기능을 국가가 가져갔다면 사회복지는 국가의 당연한 의무다.

인간은 경제적 동물인가? 시장의 기원을 위와 같이

다시 생각해보면 그것은 너무도 일면적 규정이다. 그 일면적 규정을 극한으로 밀고 나가는 것은 현실 사회주의와 이제 파탄을 맞고 있는 신자유주의가 그렇듯이 개인과 사회에 모두 불행한 결과를 가져온다.

인간은 새의 말을 알아듣기도 해야 한다.

사라진 신들의
연대기

―

우리는 어떻게
아파트라는 거주 기계에서
살게 되었나?

서울 단독주택에서 23년 살기 혹은 23년간의 고행

나는 서울에서 23년째 단독주택에서 살고 있다. 아파트가 득세하는 서울에서 단독주택을 고집하며 산다는 게 얼마나 큰 고행인지 살아보지 않은 사람은 도저히 알 수 없을 것이다.

우선 1990년대 초까지 우리 집의 집값은 이른바 강남에 속하는 구舊반포아파트 큰 평수와 같았다. 그런데 세월이 지나면서 아파트값이 오르더니 심할 때는 구반포아파트 큰 평수의 값이 우리 집값의 네 배까지 되었다. 그러니 아파트값이 오를 때마다 지금도 늦지 않았으니 아파트로 옮기자는 말이 아니 나올 수가 없다. 나는 그때마다 아파트가 닭장이지 무슨 집이냐, 나는 죽어도 그런 데는 답답해서 못 산다, 집 한 채 지니고 사는데 그게 5억이 되든 20억이 되든 무슨 상관이냐고 버텼다. 그런데 그것도 집값 차이가 두 배 정도 될 때 얘기지 세 배, 네 배 되면 말이 궁색해지기 마련이다. 나는 아파트값이 오를수록 코너에 몰릴 수밖에 없었다.

그런데 하늘이 무너져도 솟아날 구멍이 있다고, 아파트로의 이사가 거의 기정사실이 되어가는 판에 강력한 응원군이 나타났다. 아이들이 얼굴이 파래져 아파트로 이사하는 것에 반대를 하고 나선 것이다. 작은아이는 그 집에서 태어나 그때 초등학교 고학년이고, 큰아이는 그 집에서 유치원을 다니기 시작해서 고등학생이었다.

"이 집이 우리 고향인데 왜 이사 가?"

큰녀석이 몹시 의아한 표정으로 엄마를 쳐다보았다.

"맞아, 여기가 우리 고향인데. 우리 용이는 어떻게 하고 아파트로 이사 가?"

작은녀석이 맞장구를 치며 울상을 지었다. 참고로 '용이'는 일체의 도둑과 잡상인의 접근을 불허하는 우리 집 진돗개의 이름이다.

아마 고향이란 말이 나에게 이때처럼 찡하게 가슴에 와 닿은 적은 일찍이 없었을 것이다.

"거봐, 애들이 고향이라고 마음 붙일 데가 있으니 얼마나 좋아. 애들이 정서적으로도 안정이 되고 또 고향이니

학교에서 왕따 당할 걱정도 없고. 그거 10억, 20억으로 살 수 없는 거야."

나도 슬쩍 한마디 거들었다. 그래서 결국 우리는 단독주택에 주저앉아 살게 되었다.

그런데 서울의 도시 정책이란 게 단독주택 거주자들에겐 한마디로 '너 이래도 계속 단독주택에 살래?' 하고 윽박지르며 가하는 고문에 가깝다. 우선 그 재산세란 게 묘하게도 값이 네 배나 되는 강남의 아파트보다 더 많이 나온다. 건물분 재산세 외에 토지분 재산세가 있기 때문이다. 그래도 종합부동산세가 생기고 나서는 이게 시정이 되었는데, 이명박 정부 들어서 종부세를 사실상 폐지하고 강남 아파트 부자들에게 이전에 받은 걸 환불까지 해주었다. 재산세 고지서를 받을 때마다 거기에 '야, 이 등신아, 너 이렇게 더 많은 세금까지 뜯기면서 이 불편한 데 계속 살 거야?'라고 씌어 있는 것 같아 한 번 더 들여다보게 된다.

그래도 그깟 몇십만 원이야, 10억도 아이들을 위해서는 우습다고 치부했는데 무시할 수도 있다. 문제는 시간이 갈수록 주위에 고층 아파트들이 들어서 시야와 햇빛을 가리기 시작하는 것이다. 이렇게 되니 동네의 단독주택 주인들이 견디지 못하고 하나둘 떠나가기 시작한다. 그냥 떠나면 좋은데 단독주택을 부수고 빌라를 지어 팔고 간다. 업자와 계약을 맺어 그렇게 하면 그냥 파는 것보다 두 배 이상

돈을 챙기는 모양이다. 나날이 빌라가 늘어나면서 주차난 등 생활 여건이 악화된다.

그래도 끈질기게 버텼다. 아이들이 고향을 버릴 수 없다는데 어쩌랴. 그런데 다세대주택을 사서 들어오는 사람들은 애초에 우리 동네가 재개발될 거라고 생각하고 이사를 오는 모양이었다. 빌라들이 늘어나더니 우리 동네를 재개발해 아파트를 짓는다는 추진 위원회란 게 만들어졌다. 게다가 무슨 도시개발법인지 뭔지가 있는데 주민 70퍼센트인지 80퍼센트인지의 동의만 받으면 나머지 사람들의 의사를 무시한 채 강제로 사업을 진행할 수 있단다. 끝까지 반대하는 사람들은 엄청난 피해를 입을 수도 있다고 협박이 대단했다. 하는 수 없이 도장을 찍었다. 그런데 이 추진 위원회란 게 추진이라도 빨리 하면 좋은데 만날 싸움박질만 하며 5년, 6년 부지하세월이다. 그사이에 집은 낡아서 장마철엔 비도 새고 그런다. 상태로 봐선 리모델링을 해야 하는데 재개발이 걸려 있으니 리모델링을 할 수도 없다. 우리는 고민하다가 1년 전쯤 아예 지금 집을 팔아버리고 다른 데 단독주택을 사서 이사를 하기로 했다.

그래서 서울의 곳곳을 돌아다녔는데 헛수고였다. 우리가 살 만한 가격의 단독주택이 있는 지역은 우리 동네와 사정이 거의 비슷했다. 이미 재개발 조합이 플래카드를 걸고 있거나 재개발을 추진하고 있었다. 재개발이 안 되는 단독주택 동네라고 해서 가보면 재벌가와 부호들이 사는 곳이어서 집값이 최소한 수십억이 넘었다. 나는 근 한 달 서울의 곳곳을 돌아다니면서 절망하고 경악할 수밖에 없었다. 우리나라가 무슨 공산주의 국가도 아닌데, 대부호가 아닌 이상 서울에서는 주거 형태를 선택할 자유가 원천적으로 막혀 있었다.

서울이란 도시는 잠시 머물다 떠나기 위해 만들어진 도시지 영구히 깃들여 살 수 있는 도시가 이미 아니었다. 재개발을 추진하는 곳까지 치면 서울은 아파트라는 콘크리트 덩어리에 불과했다.

나는 성북동의 대사관 관저들이 들어서 있는 단독주택촌을 둘러보는 걸 끝으로 집 구하는 걸 포기했다. 뒤에 산을 끼고 숲에 둘러싸여 있는 집들은 참 아름다워 보였지만 우리 같은 서민은 쳐다볼 수도 없는 집들이었다. 나는 터덜터덜 걸어 내려오다 커피숍에 들어가 지친 다리를 쉬었다. 무료하게 앉아 창밖의 지나가는 사람들을 보노라니 두서없이 도시와 집들에 대한 이런저런 생각들이 떠올랐다.

도시는 흔히 꽃에 비유된다. 인간이 거주하기 위해 우주의 축소판으로 건립한 코스모스라는 뜻이다. 코스모스란 카오스, 즉 혼돈으로부터 인간과 인간의 삶을 보호하고 성聖화하는 질서의 세계이다. 서울은 이러한 의미의 꽃과는 거리가 멀어도 한참 멀다. 인상 비평으로 말하자면, 서울은 천민 자본의 끝없는 탐욕이 뱉어놓은 콘크리트 배설물에 불과해 보였다. 거기엔 아무런 질서도 철학도 없어 보였다. 인간에게 가장 근본적인 주거에 대해 철학은 없고 탐욕만 있는 사회가 어떻게 안 망하고 여기까지 굴러올 수 있었는지 참 신기하게 느껴질 지경이었다. 도대체 어떻게 이 지경에까지 이르렀을까?

문득 어릴 적 살던 시골집부터 지금까지 살던 집들과 집에 얽힌 이런저런 사건이 주마등처럼 머릿속을 스치고 지나갔다.

어릴 적 시골집에는 수많은 신이 살고 있었다

어릴 적 동지 무렵이 되면 어머니는 꼭 작은 사발에 엿 만드는 조청을 담아 부뚜막에 놓아두었다. 늘 입이 궁금한 터라 손가락으로 찍어 먹으려다가 혼난 적이 한두 번이 아니다. 어머니는 그게 부엌신인 조왕신에게 바치는 제물이라고 했다. 그때는 바퀴벌레란 말이 없었던 것 같은데 조왕신은 흔히 바퀴벌레의 모습을 하고 나타난다고 했다. 바퀴벌레는 엿이나 조청같이 단것을 좋아한다. 그래서 조청을 담아 부뚜막에 놓아두는 것이다.

조왕신은 원래 천제의 증손자였다. 조왕신이 맡은 임

무는 일종의 천제의 스파이 역할이다. 그 집에서 일 년 동안 일어나는 일들을 세세히 기억해두었다가 일 년에 한 번씩 천제에게 가서 일러바친다. 그 일러바치러 가는 날이 바로 동지이다.

아마도 집 안에서 일어나는 일을 세세히 파악하는 데 바퀴벌레만큼 유리한 놈도 없을 것이다. 집 안의 구석구석을 숨어 돌아다니며 모든 말을 엿듣고 모든 일을 다 볼 수 있다. 그러니 이놈이 보고 들은 걸 다 천제에게 일러바치면 인간들은 여간 곤란하지가 않다. 그래서 동지 무렵이 되면 일종의 뇌물처럼 끈적끈적한 조청을 조왕신에게 바치는 것이다. 바퀴벌레는 단것을 좋아하기 때문에 조청을 마음껏 먹는다. 그러다 끈적끈적한 조청 때문에 입이 쩍 달라붙는다. 그래서 막상 천제에게 갔을 땐 입이 붙어 일러바칠 수가 없게 된다. 동지 무렵에는 일종의 스파이 전쟁이 인간과 천제 사이에 치열하게 벌어지는 셈이다.

어릴 적 시골집에는 신이 참 많이도 살고 있었다. 그 신들의 이름을 재미있게 죽 열거하고 있는 시가 있다. 백석의 시 「마을은 맨천 구신이 돼서」이다.

> 나는 이 마을에 태어나기가 잘못이다
> 마을은 맨천 구신이 돼서
> 나는 무서워 오력을 펼 수 없다

자 방 안에는 성주님

나는 성주님이 무서워 토방으로 나오면 토방에는 디운구신

나는 무서워 부엌으로 들어가면 부엌에는 부뜨막에 조앙님

나는 뛰처나와 얼른 고방으로 숨어버리면 고방에는 또 시렁에 데석님

나는 이번에는 굴통 모퉁이로 달아가는데 굴통에는 굴대장군

얼혼이 나서 뒤울안으로 가면 뒤울안에는 곱새녕 아래 털능구신

나는 이제는 할 수 없이 대문을 열고 나가려는데

대문간에는 근력 세인 수문장

나는 겨우 대문을 삐쳐나 밖앝으로 나와서

밭 마당귀 연자간 앞을 지나가는데 연자간에는 또 연자망구신

나는 고만 디겁을 하여 큰 행길로 나서서

마음 놓고 화리서리 걸어가다 보니

아아 말 마라 내 발뒤축에는 오나가나 묻어다니는 달갈구신

마을은 온데 간데 구신이 돼서 나는 아무 데도 갈 수 없다

— 백석, 「마을은 맨천 구신이 돼서」 전문

위 시의 말하는 이는 어린아이다. 어린아이의 입장에서 보면 그게 집과 가족을 보호하는 신이든 해코지를 하는 신이든 상관없이 무섭기 마련이다.

위 시에서 맨 먼저 등장하는 게 성주신이다. 성주신은 위 시에서 집의 가장 중심 공간인 안방을 차지하고 있는 것으로 나온다. 성주신은 집에서 가장 높은 신이다. 대청이나 안방의 대들보에 흰 봉투에 쌀을 넣어 걸어두거나 단지에 쌀을 넣어 얹어두는데 그게 성주신의 몸체이다. 아이의 입장에서 혼자 있으면 그 성주신의 몸체가 무섭게 느껴질 만하다. 그래서 얼른 토방으로 건너왔는데 거기에도 '디운구신'이 있다.

백석은 함경도 사투리와 풍속을 시로 잘 살려낸 일제 때 시인이다. 그러니까 '디운구신'은 함경도 사투리일 건데 함경도 풍속과 방언을 잘 모르는 나로서는 그게 정확히 무엇인지 알 수가 없다. 아이는 또 그 디운구신이 무서워 얼른 부엌으로 간다. 그런데 부엌에는 또 조왕님이 있다. 앞에서 말한 조왕신이다.

아이는 또 조왕신이 무서워 고방, 즉 곡식이나 물건을

넣어두는 광으로 간다. 그런데 광에는 또 시렁에 데석님이 모셔져 있다. 데석님은 아마 집의 재물을 지켜주는 업을 이르는 사투리일 것이다. 우리 어릴 적에 할머니나 어머니들이 즐겨 해주던 이야기 중 하나가 '업'에 대한 것이다. 예컨대 이런 식이다.

감골 할머니는 열여섯 처녀 때 고개 몇 개 너머 동네에서 시집왔다. 그런데 꽃가마를 타고 고개를 넘고 넘는데 커다란 족제비 한 마리가 줄기차게 따라오더란다. 가마꾼이 아무리 쫓아도 또 따라오고 또 따라오고 했다. 그렇게 누런 털이 탐스러운 족제비가 시집까지 쫓아왔는데, 그 뒤부터 친정집은 이유 없이 점점 망하고 어렵던 시집은 점점 흥해 큰 부자가 되었다. 그 누런 털이 탐스러운 족제비가 바로 업이었던 것이다. 친정집의 재물을 지키던 업이 시집으로 따라와서 친정집은 망하고 시집은 부자가 된 것이다.

업은 집에 깃들여 사는 재물을 지키는 신이다. 족제비가 업인 경우는 드물고 대개 집에 깃들여 사는 구렁이가 업인 경우가 많다.

아이는 이 '업'이 무서워 이번엔 집 뒤의 굴뚝 있는 곳으로 도망간다. 그런데 굴뚝에는 또 굴대장군이라는 굴뚝의 신이 있다. 아이는 엄마야 하고 도망 나온다. 그러다가 이번엔 뒤꼍의 '곱새녕 아래 털능구신'과 마주친다. 이것은 집터의 신인 터줏대감을 이르는 말일 것이다. 어릴 적에 집 뒤꼍에 가면 조그만 단지를 짚으로 엮어 씌워둔 것이 있었는데 그게 터주의 몸체이다. 성주신과 터주는 집의 주된 신이다. 성주신이 하늘 신에 해당한다면 터주는 땅의 신에 해당한다.

아이는 이 터주가 무서워 이제 아예 집 밖으로 도망을 가려는데 대문에는 또 대문의 신인 수문장이 지키고 있다. 이 수문장 신은 '신도'와 '울루'라는 대단히 무서운 신이다.

동양의 신화에서 해는 동해 끝에 있는 거대한 뽕나무인 부상수에 산다. 이 부상수에서 아침에 해가 떠오를 때면 부상수 꼭대기에 앉아 있는 옥계가 운다. 옥계가 울면 동해의 도도산 복숭아나무 꼭대기의 금계가 따라 울고 세상의 모든 닭이 따라 울어 아침이 오는 것이다. 도도산 위에서 자라는 복숭아나무는 가지가 수천 리를 덮고 있는 거대한 나무다. 그 복숭아나무의 동북쪽에 귀신들이 이승과 저승 사이를 오가는 귀문이 있다. 신도와 울루 형제는 이 귀문을 지키는 수문장이다. 귀신들은 밤에 사람 세상으로 나갔다가 도도산 복숭아나무 꼭대기의 금계가 울 때까지 귀문으로 돌아와야만 한다. 신도와 울루는 돌아온 귀신들을 일일이 검사하여 나쁜 짓을 한 귀신은 갈대로 묶어 커다란 호랑이에게 잡아먹히게 한다. 신도와 울루는 세상의 모든 귀신들이 가장 무서워하는 신이다. 그러니 얼마나 무서운 신인가?

아이는 이 무서운 수문장 신도와 울루를 피해 집 밖으로 달아난다.

앞서 봤던 백석의 시에는 등장하지 않지만 집에 깃들여 사는 신들 중 아이들이 가장 무서워하는 신은 뭐니뭐니 해도 변소에 사는 각시귀신이다.

이 신은 앙칼진 여성 신이어서 잘 달래지 않으면 해코지를 한다. 그래서 아이들은 밤에 마당 구석에 뚝 떨어져 있는 변소에 가는 걸 제일 무서워했다. 대개 누나나 형을 깨워서 같이 가지 않으면 갈 엄두를 내지 못했다.

옛날의 집들은 말하자면 우주의 축소판이었다. 지붕은 집이라는 소우주의 하늘에 해당하는데 성주신이 이곳을 관장한다. 집터는 땅에 해당하며 터주가 이곳을 관장한다. 기둥은 지상의 세계와 하늘의 세계를 잇는 하늘 사다리다. 이 하늘과 땅 사이에 조왕신, 업, 변소의 신, 수문장, 그리고 인간이 깃들여 산다. 그 집의 할머니나 어머니는 이 소우주의 신들을 모시는 제사장이었다. 늘 부엌이나 장독대에 정화수를 떠놓고 가족들의 건강과 안녕을 신들에게 빌었다.

물론 여자 어른들만 제사장이었던 건 아니다. 할아버지나 아버지도 제사장이었다. 남자 어른들은 조상신을 모시는 제사장이다. 명절 때나 제삿날이 되면 할아버지나 아버지가 제사장이 되어 조상신들에게 제사를 지낸다. 집 안이나 사당에 모신 조상의 위패가 조상신들의 몸체이다.

이와 같이 전통 시대에 집은 우주의 축소판으로서 만신이 깃들여 사는 성화된 장소였으며, 인간은 그 안에 거주

함으로써 보호되고 성화되었다. 전통 시대의 집은 집 밖의 카오스로부터 인간을 보호하고 성화하는 코스모스였던 것이다.

아파트라는 거주 기계 그리고 사이보그

그런데 전통 시대엔 집만이 우주의 축소판으로서의 코스모스였던 건 아니다. 그 집 안에 깃들여 사는 인간 역시 우주의 축소판으로서 코스모스였다. 두개골이 태양과 달, 뭇별들, 천신들이 깃들여 사는 하늘에 해당하고, 하체가 온갖 생명을 키워내는 땅에 해당한다. 등골은 천신들의 세계인 하늘과 인간세계인 땅을 잇는 하늘 사다리다.

나는 몹시 심란할 때 가끔 국립박물관에 있는 백제 금동미륵보살반가사유상을 보러 간다. 백제 금동미륵보살반가사유상은 우주의 축소판으로서의 인간, 성화된 인간, 코스모스로서의 인간을 가장 전형적으로 드러낸 예술 작품이다. 여자도 아니고 남자도 아닌 모습. 한 다리를 다른 다리에 얹었다. 그 얹은 다리가 팔꿈치를 받치고, 그 팔의 손으로 턱을 괴고 있다. 자세가 참 편안해 보인다. 그렇게 턱을 괸 채 비스듬히 아래를 보며 알 수 없는 미소를 짓고 있다.

다 알겠다는 건지, 인간 세상의 슬픔과 고통을 그렇게

웃음으로 받아들인다는 건지, 그렇지 내려다보이는 게 인간의 누추한 삶이 아니고 우주 삼라만상 전체라는 건지 도무지 알 수 없는 미소이다. 우주의 축소판으로서 성화된 인간이 아니라면 도저히 그런 자태와 미소를 보일 수 없을 것이다. 백제 금동미륵보살반가사유상을 보고 있노라면 어떤 전율과 아릿한 그리움을 느낀다.

전율은 백제 금동미륵보살반가사유상이 세속적 현대인으로서는 도저히 도달할 수 없는 세계에 속해 있기 때문에 생기는 것일 게다. 스스로를 상품으로 팔며 살아가는 현대인이 스스로를 우주의 신성이 깃든 하나의 소우주로 생각하는 백제 금동미륵보살반가사유상의 세계를 어떻게 짐작인들 할 수 있으랴. 오직 그 까마득한 낙차에 전율할 뿐이다.

그런데 그 까마득한 낙차를 느끼고 전율한다는 것은 곧 세속화된 현대인의 내면에 성화된 세계의 흔적이 파편으로나마 남아 있다는 것을 의미하는 게 아닐까? 그렇지 않다면 그 까마득한 낙차에 전율할 이유도 없을 것이다. 그리고 그 파편으로 남아 있는 흔적이 이미 사라진 세계에 대해 아릿한 그리움을 느끼게 하는 게 아닐까?

종교사학자 미르체아 엘리아데Mircea Eliade는 "현대인은 성스러움과 거리가 먼 세속적 인간이지만 동시에 전통 시대 인간의 후예이다. 그렇기 때문에 현대인이 아무리 성스러운 것과 거리가 멀다고 해도 그의 내면에는 성스러운 것들의 파편이 존재한다"고 말했다.

예컨대 첫사랑의 추억이 담겨 있는 장소, 어린 시절의 추억이 담겨 있는 곳에 대한 특별한 느낌 같은 것이 그런 것들이다. 또 사막이나 대초원, 웅장한 산악이 주는 숭엄한 느낌 같은 것도 그런 것이다. 개인의 경험에 비추어 보면 엘리아데의 말에 고개가 끄덕여진다.

그런데 사람이 사는 집과 관련해서도 엘리아데의 주장은 타당한 것일까? 적어도 한국 도시의 주거 형태를 보면 엘리아데의 말은 틀린 것 같다.

서울 시내의 남산이나 강남의 우면산에 올라가서 시가지를 내려다보라. 고층 아파트가 시가지를 가득 채우고 있다. 시각적인 면에서만 그런 게 아니라 통계상으로도 50퍼센트 이상의 한국인은 아파트에 살고 있다고 한다. 농어촌을 빼고 도시만 본다면 그 비율은 더 높을 것이고, 이 비율은 계속 늘어나고 있는 중이다.

주거 면에서만 보았을 때 이 아파트에 사는 사람들을 과연 전통 시대 인간의 후예라고 할 수 있을까? 그렇게 볼 수 없을 것 같다. 아파트는 일종의 거주 기계居住機械다. 거주 기계란 말이 생소하게 느껴진다면 공사장의 인부들이 공사 기간 동안 임시로 거주하기 위해 가져다 놓는 컨테이너 상자를 생각하면 된다. 아파트는 훨씬 크고 내부가 잘 꾸며진

컨테이너 상자라고 할 수 있다. 그건 신전神殿으로서의 집의 개념이 파편화된 흔적으로나마 남아 있는 집과는 본질적으로 다른 것이다. 아파트는 집이라기보다는 말 그대로 순수한 거주 기계다. 아파트는 애초에 신들의 파편화된 흔적조차 있을 수 없는 공간이다. 아파트는 본질적으로 신성과는 무관한 순수한 기계인 것이다.

흔히 도시인을 유목민에 비유하고 아파트를 유목민들의 이동식 집인 게르ger에 비유한다. 이러한 비유는 신화적으로 보면 매우 잘못된 비유다. 유목민들의 집이 이동식이라고 해서 신전의 개념과 무관할 거라고 보는 건 대단한 착각이다. 유목민들의 이동식 집은 농경민들의 집보다 훨씬 더 신전의 개념에 가깝다. 유목민들의 신화에서 우주는 거대한 천막이다. 하늘은 거대한 천막의 지붕이며 거기에 해와 달, 별 등의 천신들이 산다. 유목민들의 게르는 이 거대한 우주 천막을 축소해놓은 소우주이다. 유목민의 게르에서 천막의 지붕은 하늘이며 천막의 가운데 세워진 기둥은 하늘과 땅을 잇는 하늘 사다리이고, 그 기둥의 끝에 뚫려 있는 연기 구멍은 하늘 신의 세계로 통하는 통로이다. 그 기둥의 아래 바닥에는 난로를 놓는데 그 자리가 바로 천신의 딸이자 불의 신인 골룸토의 영역이다. 그리고 게르의 내부 공간 배치는 하늘 신 텡그리들의 하늘에서의 위치와 똑같이 배치한다. 게르는 항시 북쪽을 등지고 남쪽으로 출입문을 낸다. 게르 내부 공간에서 북쪽은 가장 어른이 거주하는 곳이다. 그리고 북을 등지고 남쪽을 바라보며 왼편(현대의 방위로 동쪽)이 남자들이 거주하는 곳이고, 오른편(현대의 방위로 서쪽)이 여자가 거주하는 곳이다. 그리고 문이 있는 남쪽이 아이들의 자리이다.

게르 내부 공간의 이러한 배치는 하늘에서의 텡그리들의 공간 배치와 일치한다. 하늘 세계에서 왼편 하늘은 선한 텡그리들의 영역이다. 그리고 오른편은 선한 텡그리들과 대립하는 악한 텡그리들의 영역이다. 북쪽 텡그리와 남쪽 텡그리들은 중립적인데 선한 텡그리들에게 다소 우호적이다. 모든 텡그리들의 아버지가 되는 텡그리는 사방의 텡그리들로부터 초월해 있어 텡그리들의 일에 관여하지 않는다. 이 아버지 텡그리의 자리는 굳이 따진다면 북쪽이다. 그러니까 선한 텡그리들의 자리에 남자들이 기거하고, 악한 텡그리들의 자리에 여자들이 기거하는 셈이다. 그리고 아버지 텡그리의 자리인 북쪽에 가장 높은 어른이, 남쪽 텡그리들의 자리에 아이들이 기거한다.

이렇게 살피고 보면 순수한 거주 기계인 아파트와 대우주의 모습을 엄격하게 축소해놓은 신전으로서의 게르는 본질적으로 다른 것이어서 상호 비유의 대상이 될 수 없음을 잘 알 수 있다. 이것은 도시인과 유목민도 마찬가지다. 유목민의 몸이 우주를 축소해놓은 소우주로서 신성이 깃드는 장소라면, 도시인은 소화 기계, 생식 기계, 호흡 기계, 신경 기계 등을 조립해놓은 사이보그에 가깝다.

마지막 인디언이 이렇게나 많이 우글우글 모여 살고 있었네?

아파트와 아파트 문화가 압도하고 있는 서울에서 단독주택을 고집하며 살다 보면 종종 외롭게 살아남은 마지막 인디언 같은 기분이 들 때가 있다. 아니면, 아직 몸의 어딘가가 기계로 교체되지 않은 불완전한 사이보그라고나 할까? 아침에 일어나 시야를 가리는 아파트 숲들을 볼 때마다 나는 왠지 어디엔가 나처럼 외롭게 살아남아 있을지도 모르는 인디언을 향해 불을 피우고 북을 두드려 신호를 보내야 할 것 같은 기분에 휩싸인다. 아니면 몸의 어딘가가 아직 기계로 교체되지 않은 불완전한 사이보그를 찾아 텔레파시를 날리든지.

그런데 이렇게 마지막 인디언이나 아직 몸의 일부가 기계로 교체되지 못한 불완전한 사이보그로 외롭게 헤매다가 우연히 마지막 인디언들이나 불완전한 사이보그들이 우글거리는 곳에 이른다면 어떤 느낌이 들까? 반가움에 앞서 엄청난 문화적 충격에 휩싸이게 되지 않을까? 프랑스에 갔을 때 받은 문화적 충격이 바로 그런 것이었다.

2006년 봄, 나는 내 동화 『고양이 학교』의 사인회를 위해 파리 도서전에 갔다. 파리 도서전에서 사인회를 마치고 라발이라는 중소 도시에 사인회를 하러 갔을 때이다. 사인회가 끝나고 시간이 좀 남자 거기 서점 주인이 옛날 성 구경을 시켜주었다. 성은 대개 높은 언덕 위에 있다. 라발의 성도 역시 마찬가지여서 성에 올라가자 시내가 다 내려다보였다.

 시내의 집들은 대개가 1, 2층짜리 단독주택이고 큰길가의 건물들도 높아봐야 4, 5층이었다. 강 양쪽으로 펼쳐져 있는 도시는 무척 안정되어 보이고 아름다웠다. 나의 눈길은 나도 모르게 시내의 여기저기를 헤매었다. 고층 아파트가 가득 들어차 있는 서울의 풍경에 하도 익숙해서 무의식적으로 삐쭉 솟은 고층 아파트를 찾고 있었던 모양이다. 지평선 끝쯤에 다른 시가지 건물과는 어울리지 않게 높이 솟은, 우리나라로 하면 주상복합건물 같은 게 보였다. 시가지에서 높이 솟은 건물은 그것뿐이었다. 나는 한국식의 통념으로 거기가 이 도시의 중산층들이 사는 곳인가 보다 생각하고, 손가락으로 가리키며 저 건물은 뭐냐고 물었다. 그랬더니 뜻밖의 대답이 돌아왔다. 서점 주인이 얼굴을 약간 찡그리며 매우 동정 어린 표정으로 그곳은 빈민들이 사는 아파트라고 했다. 집이 없는 빈민들을 위해 정부가 지어주었다는 것이다. 나는 그 말이 말뜻대로 머리에 잘 들어오질 않았다. 내 외국어 실력이 너무 형편없어 잘못 들은 걸까? 나는 같이 간 내 동화 번역자 임영희 씨에게 다시 물어보았다. 임영희 씨도 똑같은 대답을 하며 한국과는 반대로 프랑스에서는 아파트가 빈민들이 사는 곳이라는 설명을 덧붙였다. 나는 그 말이 잘 믿어지지가 않아서, 그럼 이 도시의 부자들이 사는 곳은 어디냐고 물었다. 그랬더니 서점 주인은 성으로 올라오는 길 양쪽에 죽 늘어서 있는 이층집들을 가리켰다. 그 집들은 중세 때 지은 것들이어서 어떤 집은 전체적으로 옆으로 조금 기울어 있기도 했다. 나는 그 말에 엄청난 문화적 충격을 받았다. 뭐야? 나 같은 마지막 인디언은 희귀종인 줄 알았더니 여기는 맨 마지막 인디언들만 우글우글 모여 살고 있네?

라발 사인회가 끝난 뒤 며칠 시간이 있어서 나는 임영희 씨와 함께 시골의 브로캉트라는 시장을 두 군데 정도 다녀보았다. 브로캉트는 시골 지역별로 일 년에 한두 번 여는 시장인데 그날은 그 지역에 사는 사람들이 집 안의 낡은 잡동사니들을 들고 나와 팔았다. 농부들이 길거리에 전을 벌이고 우리로 하면 벌써 쓰레기통에 버렸음직한 잡동사니들을 팔고 있었다. 심지어는 오래된 마룻바닥 판자까지 팔았다. 나는 좀 이해가 안 되어서 저런 마룻바닥 판자 같은 걸 사 가는 사람이 있냐고 물었다. 임영희 씨는 라발의 그 중세 때 지은 집의 주인 같은 사람들이 사 간다고 했다. 그런 데 사는 사람들은 마룻바닥이 빠지면 새 판자를 사다가 고치지 않는다고 했다. 비슷한 나무 재질에 비슷하게 오래된 판자를 구하러 브로캉트를 뒤지고 다닌다는 것이다.

나는 비로소 "현대인은 성스러움과 거리가 먼 세속적 인간이지만 동시에 전통 시대 인간의 후예이다. 그렇기 때문에 현대인이 아무리 성스러운 것과 거리가 멀다고 해도 그의 내면엔 성스러운 것들의 파편이 존재한다"는 엘리아데의 말이 제대로 이해가 되는 것 같았다. 그 말이 유럽을 배경으로 나온 것이라면 주거 문화에서도 한 치의 어긋남도 없이 들어맞는다는 생각이 들었다.

그런데 그렇게 생각하는 순간 문득 강한 의구심이 나를 사로잡았다. 그렇다면 정말 이상하지 않은가? 동양은 전통적이고 서양은 현대적이라는데 왜 한국 사람들은 전통적인 집과는 완전히 단절된 아파트라는 거주 기계에 살고, 서양 사람들은 중세에 지어진 집을 그렇게 고집하며 살고 있는가? 또 한국인으로서 개인의 내면적 경험을 성찰해보면 세속적 인간인 현대인에게도 성스러운 것들이 파편의 형태로나마 존재한다는 엘리아데의 말이 맞는 것 같은데, 왜 한국 사람들은 유독 주거 형태에서만은 그런 것과는 전혀 무관한 아파트를 선호하는가? 이게 매우 예외적이고 특수한 주거 문화라면 그 특수한 주거 문화가 자리 잡아가는 특수한 과정이 있지 않았을까? 불과 40년 전까지만 해도 시골집에는 수많은 신들이 인간과 함께 살고 있었는데, 그 신들은 어떻게 그 짧은 세월 동안 감쪽같이 사라져버렸는가?

사라진 신들의 연대기 — 우리가 산 흉가들

I

옛날 시골집에는 수많은 신들이 인간과 함께 살고 있었는데 그 많은 신들이 어떻게 그 짧은 세월 동안 완벽하게 사라져버린 걸까? 이 질문에 대해서 대부분의 사람들은 전쟁 때문이라고 답하고 싶을 것이다. 하지만 이 대답은 경험으로 볼 때 틀린 대답이다.

전통 시대에 집에 살던 신들은 의외로 끈질긴 생명력을 가진 존재들이었다. 우리는 6·25 전쟁 중이나 직후에 태어난 세대이다. 포격으로 벌거숭이가 된 산, 6·25 때 파놓은 참호들이 우리들의 놀이터였다. 6·25의 폐허 속에서 성장한 셈이다. 그런데 그때에도 시골집에는 여전히 신들이 살고 있었다. 어머니는 여전히 정화수도 떠놓고 조왕신에게 뇌물로 조청을 바치고 있었다. 온 국토를 파헤치고 사람들의 뿌리를 뽑아 피난민으로 유랑하게 만든 6·25 전쟁이 지나고도 그 신들은 의연히 살아 있었던 것이다.

그런데 참 이상한 일이다. 6·25라는 극한의 파괴를

견딘 신들이 지금은 감쪽같이 사라져 흔적조차 남기고 있지 않다. 도대체 왜, 어떻게 해서 집에 깃들여 사는 신들은 흔적조차 남기지 않고 사라져버린 것일까? 그 답은 우리 자신들에게 있다.

얼마 전 친구들과 술을 마시다가 자기가 어머니한테 한 일 중에서 가장 후회되는 일이 무언가에 화제가 미쳤다. 한 친구가 갑자기 술기운에 그랬는지 가슴을 치며 내가 그때 왜 그랬는지 지금 생각해도 얼굴을 들 수 없다며 이야기를 꺼냈다.

중학교 때였다고 한다. 어느 날 학교에서 돌아와 집에 들어갔는데 어머니가 동네 무당을 불러 안택굿을 하고 있었다. 안택굿은 연초나 봄에 집과 가족을 축복하고 일 년 동안 액이 끼지 말라고 하는 간단한 굿이다. 우리는 학교에서 무당 등의 민속적인 것은 미신이고 버려야 할 낡은 것이라고 배웠고 친구는 그걸 곧이곧대로 믿고 있었다. 그래서 평소에도 어머니가 정화수를 떠놓고 빈다든지 성주신의 몸체를 만들어 걸어놓는다든지 하는 걸 몹시 못마땅하게 생각하고 있었다. 그런데 무당까지 불러 안택굿을 하고 있으니 몹시 화가 날 수밖에 없었다. 그래서 고래고래 소리치며 무당을 내쫓고 쓸데없이 미신을 믿는다고 어머니를 나무랐다고 한다. 그 후로 어머니는 아들의 눈치를 보며 몰래몰래 집의 신들을 모시고 아들이 없는 틈에 안택굿을 하곤 했다. 그러다 고등학교 때 또 한 번 눈에 띄어서 난리를 피웠다고 한다. 그 뒤로 어머니는 집 안의 신을 모신다든지 안택굿을 한다든지 하는 일을 그만두었다.

그런데 나이가 들어 생각해보니 집을 성스러운 것으로 축복하고 가족들이 그 안에서 보호받기를 바라는 어머니의 마음만큼 귀중하고 고귀한 것이 세상에 어디 있겠나 싶었다. 그리고 교회나 성당에서 목사나 신부들이 기도하고 축복하는 거나 무당이 집을 축복하고 기도하는 거나 별로 다르지 않다는 생각이 들었다. 그런 생각이 드니까 학교에서 들은 서푼짜리 지식을 믿고 어머니를 윽박질렀던 일이 혼자서도 낯이 붉어질 정도로 부끄럽고 죄송하게 생각되었다.

우리가 어릴 때만 해도 시골집에 살고 있던 그 수많은 신들이 어떻게 그렇게 짧은 순간에 감쪽같이 사라졌는가 하는 이유는 이 이야기 속에 잘 압축되어 있다. 그 첫 번째 이유는 1960년대 이후 우리 사회를 휩쓴 과격한 근대화, 과격한 서구화이다. '잘살아보세!'라는 박정희 시대 경제 근대화의 구호 속에서 일체의 전통적인 것은 미신이자 낡은 것, 거부하고 파괴해야 할 것으로 공격당했다.

그러한 교육은 학교에서만 이루어진 것이 아니라 집집마다 연결되어 있는 스피커를 통해 좀 과장해서 말하면

잠자는 시간 빼놓고 하루 종일 이루어졌다. 참고로 젊은 세대를 위해 설명을 덧붙이자면, 스피커란 건 라디오가 귀하던 시절에 집집마다 라디오 대신으로 마루 기둥에 매달아 놓던 것이다. 집집마다 있는 스피커는 전기선으로 이장네 집에 연결되어 있어 이장이 틀어주는 대로 동네 사람들이 똑같은 방송을 듣는다. 스피커가 처음 방송을 시작하는 것은 해가 아직 뜨지 않아 어슴푸레한 새벽이다. 갑자기 군가투의 노래가 요란하게 스피커에서 흘러나오며 동네 사람들을 깨운다. 그리고 이장이 훈화 투로 잠시 뭐라고 떠든다. 프로그램의 일정 부분은 대통령부터 모모한 인사들이 나와 낡은 것들과 낡은 정신은 과감히 버리고 새로운 정신으로 경제 근대화에 매진해야 한다는 훈화조의 연설이나 그 말대로 잘했다는 모범 사례를 발표하는 거다. 아마 그런 프로그램만 하면 사람들이 스피커에 헝겊 뭉치를 처박아두거나 했을 것이다. 그런데 프로그램의 반 이상은 유행가나 연속방송도 틀어주고 권투나 레슬링 시합 중계방송도 하기 때문에 그 재미로 듣는다.

스피커에서 늘 미신이라고 몰아붙이고 이장과 젊은 자식들이 윽박지름에도 불구하고 우리의 어머니들은 몰래몰래 집 안에 사는 신들을 모셨다. 하지만 시간이 지날수록 뜸해지는 건 어쩔 수 없는 일이었다. 게다가 새마을운동으로 마을 길을 시멘트로 바르고 지붕 개량한다고 초가지붕을 슬레이트 지붕으로 바꾸는 등 그 무지막지하고 과격한 근대화가 집 안까지 쳐들어오는 데에야 우리 어머니들도 손을 들 수밖에 없었다. 제사장을 잃은 신들은 인간들과의 관계가 끊어져 점점 낯설어지고 희미해져가기 시작했다.

우리가 자라는 동안은 이른바 귀신이 나온다는 흉가들이 무척 많아 좀 과장해서 말하자면 동네마다 하나씩은 있었다. 잘 안 믿겠지만 우리 식구들은 결과적으로 10여 년 동안 그 흉가들을 찾아다니며 산 셈이다. 물론 그러고 싶어서 그런 건 아니다. 아버지가 교직에 계셔서 여기저기로 자주 이사를 다녔는데, 시골 사람들은 외지 사람이 오면 모른 체하고 흉가를 사택이라고 내준다. 그런데 그 시골 사람들이 내주는 흉가란 게 대개는 보기에는 크고 번듯하다. 그러니 무척 고마워하며 들어가 살 수밖에.

내가 초등학교 1, 2학년 때 산 집은 그럴듯한 기와지붕의 한옥이었다. 그런데 집이 꽤 오래되었는지 지붕에 듬성듬성 풀이 자라고 있었다. 이사 간 다음 날 아침에 일어나 신을 신으려고 하는데 발가락이 들어가는 고무신 안쪽에 무언가가 들어 있었다. 끄집어내려고 무심코 집어 들고 보니 어른 손가락 굵기의 지네였다. 그 집은 지붕에서 시도 때도 없이 지네가 떨어져 내렸다. 그럼에도 불구하고 우리 식구들은 그런대로 그 집에서 잘 지냈다. 그 집에 이 년인가 살다가 다시 이사를 나오는데, 이제 친하게 지내게 된 동네 아저씨가 나타나 씩 웃으며 한마디 했다. "사실은 이 집이 여기서는 유명한 흉가인데 사람 힘이 무섭기는 무서운가 봐. 아홉 식구나 돼서 그런지 아무 일도 없네?" 우리 집은 6남 1녀로 아홉 식구였다.

그 기와집에서 나와 이사 간 곳은 초가집이지만 규모가 크고 번듯한 집이었다. 그런데 여름에 홍수가 나니까 지대가 약간 낮아 마당에 물이 찰박찰박했다. 비가 많이 오던 날이었다. 자다가 오줌이 마려워 일어났는데, 창호지 문에 구멍이 뚫리고 커다란 구렁이 한 마리가 천천히 방으로 들어오고 있었다. 형들이 일어나 쫓아내고, 물을 피해서 들어온 거려니 했다. 그런데 그 초가집에서 이사를 가게 되었는데, 또 동네 사람이 이사 구경 삼아 와서는 씩 웃으며 한마디 했다. 이 집이 이 근방에선 누구나 아는 흉가라고, 식구가 많아서 사람 기운이 집의 음기를 누른 것 같다고.

동네 사람들의 말대로 식구가 많아서 그랬는지 우리 식구들은 계속 유명짜한 흉가에 살았지만 아무 탈이 없었다.

그런데 형들이 군에 가고 대학에 다니느라 집을 떠난 뒤 문제가 생겼다. 나도 형들을 따라 도시에 나와 학교를 다녔기 때문에 시골집에는 어머니 아버지하고 동생만 살았다. 여름방학이 되어 시골집에 갔는데 한밤중에 시끄러워 눈을 떠보니 동생이 일어나 눈을 희번득이며 허공의 여기저기를 가리키면서 거기 뭐가 있다고 울부짖고 있었다. 그러더니 맨발로 밖으로 뛰어나가 집 주위를 빙빙 돌았다. 어머니와 나도 동생을 따라 집 주위를 뛰어 돌았다. 동생은 집 주위를 뛰어다니다가 우물로 가더니 또 우물 속을 가리키며 거기 뭐가 있다고 소리치며 우물 안으로 들어가려 했다. 어머니와 나는 갑자기 힘이 장사가 된 동생을 억지로 방으로 끌고 들어와 눕혔다. 동생은 한참 동안 허공의 여기저기를 가리키며 거기 뭐가 있다고 두려움에 떨다 잠이 들었다. 그런데 아침이 되면 동생은 밤에 있었던 일을 전혀 기억하지 못했다. 동생은 방학 내내 이틀 걸러 하루씩은 그랬다.

언젠가 우연히 동생이 이유 없이 몽유병을 앓던 그 집이 있는 시골을 지나게 되었다. 문득 그 집이 생각나서 찾아가보았다. 좀 수리를 한 모습이지만 그대로 있었다. 열린 대문 앞에 서자 가슴이 뭉클했다. 문득 내가 그 집을 몹시 그리워하고 있었다는 걸 깨달았다.

도대체 이 흉가를 왜 그리워했던 걸까? 그것은 흉가의 무언가 낯설고 두려운 것이, 사라져가는 신들의 마지막 모습이었기 때문인지도 모른다는 생각이 들었다. 집에 살고 있던 신들이 사람들과 연결된 끈을 잃고 점점 낯설어지고 희미해져갈 때 곳곳에 흉가들이 나타났던 게 아닐까? 그렇다면 나는 이제 동생이 몽유병을 앓던 그런 집에 영원히 돌아갈 수 없는 것이다. 집에 살던 신들은 이제 완전히 사라졌기 때문에 이제 지상의 어느 곳에도 그런 집과 고향은 없다. 이제 그런 고향에 다시는 돌아갈 수 없는 것이다.

신들이 사라진 집은 무너진다

이 글을 읽는 이들 중 혹자는 나를 무속의 신들을 믿는 사람으로 오해할 수도 있을 것이다. 하지만 나는 무신론자이다. 내가 사라진 신들의 연대기에 관심을 갖는 것은 신들이 사라진 오늘날에도 그것이 사회를 이루는 하나의 축이자 원리로 작동하고 있기 때문이다. 잘 이해가 안 된다면 우리나라가 외환 위기에 몰려 IMF 관리 체제로 들어갔을 때 국민들이 자발적으로 벌였던 금 모으기 운동을 떠올려보라. 왜 사람들은 손해나는 짓을 그렇게 열심히 서로서로에게 감동하며 벌였던 것일까. 그것은 국가, 민족 등등의 이름으로 불리는 상상의 공동체가 사람들의 머릿속에 존재하기 때문이다. 공동체란 크건 작건 상상 속에서는 하나의 집이다. 카오스로부터 우리를 지켜주는 성화된 공간으로서의 집, 희미해지긴 했지만 우리 어릴 적, 집을 카오스로부터 가족을 보호하는 코스모스로 성화하려 애쓰던 어머니의 모습이 그 바탕에는 숨어 있다.

현대인은 성스러움과 거리가 먼 세속적 인간이지만 동시에 전통 시대 인간의 후예이다. 그렇기 때문에 현대인이 아무리 성스러운 것과 거리가 멀다고 해도 그의 내면에는 성스러운 것들의 파편이 존재한다.

엘리아데의 이 명제는 한 사회가 움직여 가는 원리로 확대해서 생각해볼 수도 있다. 현대인은 세속적 인간이기 때문에 현대사회의 기본은 냉정한 이해관계와 냉혹한 경쟁을 기본 원리로 하는 시장이다. 하지만 한 사회가 그런 냉혹한 원리로만 굴러갈 수는 없다. 한 사회가 지속 가능한 사회가 되기 위해서는 그 다른 쪽에 지역사회니 국가니 민족이니 하는 공동체적 원리가 작동해야 한다. 국가는 카오스로부터 상상의 공동체를 지키기 위해 군사력을 갖는다. 또한 약자를 보호하기 위한 사회보장 시스템, 긴급 구호 시스템 등을 갖는다. 그리고 그 사회의 지속 가능성을 훼손하는 시장의 과도한 행위에 대해서는 조정력을 발휘한다. 이 양자의 균형이 무너지면 그 사회는 위기에 빠지게 되고 심하면 해체되기도 한다.

한국은 지금 시장과 공동체의 균형이 무너져 심각한 위기에 빠져 있다. 천안함 사태에서도 보듯이 카오스로부터 공동체를 지키는 군사 체계에 심각한 구멍이 뚫려 있다. 그리고 민족이라는 상상적 공동체의 폭을 남한으로 좁혀 북한을 공동체의 밖으로 내쫓았다. 북한은 살기 위해 급격하게 중국에 의존해가고 있고 외국 전문가들은 북한의 동북 3성화로 궁극적으로 한국이 북한을 잃게 될 것이라는 경고를 보내고 있다. 또 사회 안전망 등의 복지 예산의 삭감, 의료 민영화 등으로 사회적 약자들이 벼랑으로 몰리고 있다. 게다가 국가가 시장의 불균형을 바로잡는 것이 아니라 부자와 재벌과 건설사들에게 일방적으로 혜택을 주고 부동산 투기를 부추겨 시장의 불균형을 더욱 키우고 있다. 어떻게 한국 사회가 이 지경에 이르게 되었는가? 이 물음에 답하기 위해서는 사라진 신들의 연대기의 마지막 부분을 살펴보아야 한다.

우리 집이 서울로 이사 온 것은 1970년 전후이다. 서울에 와서 내가 처음으로 겪은 가장 충격적인 일은 와우아파트의 붕괴였다. 당시에 작은형은 공고 건축과를 졸업하고 말단 공무원으로 마포구청 건축과에 근무하며 야간대학에 다니고 있었다. 작은형이 어느 날 얼굴이 하얘져 집에 들어왔는데 뉴스에 와우아파트가 아무 이유 없이 갑자기 무너졌다는 보도가 나오고 있었다. 작은형은 와우아파트를 지을 땐 고등학생이었던 터라 처음에 간단한 조사만 받고 별탈이 없었다. 하지만 그 바람에 나는 와우아파트의 붕괴 원인, 과정 등에 대해 불필요할 정도로 많은 것을 듣게 되었다. 작은형의 말로는 와우아파트를 지은 건설업체는 그 공사를 따기 위해 엄청난 뇌물을 구청, 검찰, 기자들에게 줄줄이 상납했다고 했다. 그렇게 새어나간 돈과 이윤을 공사비를 줄여 건져내야 하니 시멘트나 철근을 말도 안 되게 적게 쓸 수밖에 없었고, 그래서 구조역학적으로 계산을 해보면 시간이 문제였을 뿐이지 무너지지 않으면 이상한 거였다고 했다. 건축과 직원들도 그걸 알기 때문에 불안불안해했다는 것이다.

나는 엄청난 충격을 받았다. 사람이 살기 위해 짓는 건물에서 오로지 이윤을 얻기 위해 무너질 위험성을 뻔히 알면서 철근과 시멘트를 빼먹다니! 그건 내가 알고 있는 신들이 살거나, 살았던 흔적을 간직하고 있는 집과는 거리가 멀어도 너무 멀었다. 아파트를 신들이 살거나 살았던 흔적을 간직하고 있는 집, 즉 단순한 거주 기계가 아니라 공동체적 가치로 바라보았다면 그렇게 무지막지하게 철근과 시멘트를 빼내어 무너지게 할 수는 없었을 것이다. 아파트는 그 양계장의 닭장 같은 형태부터 시작해서 될 수 있는 한 많은 이윤을 얻기 위해 적당히 만들어 파는 거주 기계에 불과한 것이지 집이 아니었다. 기계이기 때문에 무너지는 불량품도 나오고 그러는 것이다.

그런데 묘하게도 1970~1980년대를 지나면서 서울은 아파트로 덮여가기 시작했고, 아파트가 부자들이 사는 가장 모던하고 좋은 집으로 자리매김되며 일확천금의 투기

대상이 되어가고 있었다. 이 과정에 대해서는 나와는 반대로 한국에 왔다가 아파트를 보고 문화적 충격을 받은 프랑스의 여성 지리학자 발레리 줄레조가 『아파트 공화국』(후마니타스, 2007)이란 책에서 소상히 밝혀놓고 있다.

그녀는 아파트라는 주거 문화가 박정희 정권이 정책적으로 만들어내고 정착시킨 것이라고 이야기한다. 박정희 정권은 대규모 아파트 단지의 건설을 통해 재벌에게 경제적 특혜를 주었다. 또 계층 상승을 해오는 중간층들을 대규모 단지에 입주시켜 아파트 가격의 상승을 통해 특혜를 주고 하층과 격리시킴으로써 정치적 지지 기반으로 확보하려 하였다. 이렇게 해서 아파트를 매개로 한 정권, 재벌, 중산층의 삼각동맹이 형성된 것이다. 이 삼각동맹은 시장적 탐욕의 삼각동맹이다. 거기엔 어떠한 공동체적 가치도 들어 있지 않다.

서울은 이 시장적 탐욕의 삼각동맹이 만들어낸 도시이다. 2000년대로 접어들 무렵 이 도시의 중심부에서 삼풍백화점이 무너지고 성수대교가 무너져 내렸다. 신들이 사라진, 즉 공동체적 가치가 스며들어 있지 않은 도시는 와우아파트처럼 필연적으로 무너질 수밖에 없다.

시장의 탐욕만이 작동하는 사회는 지속 가능하지가 않다. 시장과 공동체가 상호 긴장하며 균형을 이루지 않으면 경제도 언젠가는 무너진다. 지금 서울에서는 하나의 건물 하나의 다리가 아니라 아파트로 상징되는 탐욕의 환상 자체가 무너지기 시작하고 있다. 집값이 하늘 높은 줄 모르고 폭등했던 이른바 버블세븐 지역 아파트의 가격이 급격히 하락하고 있는 것은 이미 주지의 사실이다. 아마 올해와 내년 사이에는 본격적인 폭락이 시작될 것이다. 이 폭락과 함께 탐욕의 환상도 무너질 것이고 한국의 경제도 다시 한 번 무너질 것이다.

우리가 이 무너짐 속에서 반성하고 배워야 할 것은 시장이 아니라 공동체적 가치이며, 공동체적 가치와 시장의 균형이다. 우리가 지금 이 자리에서 굳이 사라진 신들의 연대기를 되짚어보는 것도 이 때문이리라. 사라진 신들은 공동체적 가치의 다른 이름인 것이다.

팸플릿 3

김진경의
신화로 읽는 세상

생각하는 법을 바꿔야 한다

초판 발행일
2012년 6월 25일

지은이 ° 김진경	편집 ° 김유정
펴낸이 ° 강병철	교정 ° 박영숙
주간 ° 정은영	디자인 ° 신경숙
	저작권 ° 김영란, 노유리
	제작 ° 고성은, 김우진
	마케팅 ° 조광진, 장성준, 박제연, 이도은, 전소연
	E-콘텐츠 사업 ° 정의범, 조미숙, 이혜미

펴낸곳 ° 자음과모음
출판등록 ° 1997년 10월 30일 제313-1997-129호
주소 ° 121-840 서울시 마포구 서교동 396-33
전화 ° 편집부 (02)324-2347, 경영지원부 (02)325-6047
팩스 ° 편집부 (02)324-2348, 경영지원부 (02)2648-1311
이메일 ° inmun@jamobook.com
홈페이지 ° www.jamo21.net

ISBN 978-89-5707-672-9 (00380)
　　　 978-89-5707-669-9 (set)

잘못된 책은 교환해드립니다.
저자와 협의하여 인지를 붙이지 않습니다.